再犯防止をめざす刑務所の挑戦

美祢・島根あさひ社会復帰促進センター等の取組み

手塚文哉 著

現代人文社

はじめに

二〇一七（平成二九）年二月二八日、日本財団職親プロジェクト（＊1）全国大会が大阪で開催されました。私は大阪矯正管区長として出席したのですが、懇親会が始まる前に、島根あさひ社会復帰促進センターの出所者が、私を見つけるや駆け寄って来て、こう言ったのです。

「センター長、僕再犯してません」

私は三八年間の刑務官（＊2）人生の中で、出所者に声をかけられたことがなく、大変びっくりしたのですが、同時に非常に嬉しく思いました。しかし、後から考えると、数年振りに会っ

＊1　企業の社会貢献活動と連携し、少年院出院者や刑務所出所者に就労と住居、教育、仲間作りの機会を提供することで、更生と社会復帰を支援するとともに、再犯率低下の実現を目指す団体。二〇一三（平成二五）年二月二八日に設立された。

＊2　刑事施設に勤務する公安職俸給表（一）の適用を受ける法務事務官のうち、法務大臣が指名する職員をいう。刑務官の階級は、看守、看守部長、副看守長、看守長、矯正副長、矯正長及び矯正監からなる。

た人からの第一声が「僕再犯してません」の言葉では、寂しくなりました。彼はいつも心の片隅にこの言葉を抱いて生活しているのだろうと思いました。

再犯防止は矯正だけでなく、政府の施策にもなりましたが、それは大変大きな命題です。私は刑務官として勤務している間に、一人でも私の影響を受けて更生し、社会復帰してくれれば、私の刑務官人生は成功だと思っていました。ですので、定年退職する年に大きなサプライズをいただいたと思いました。

そこで、受刑者を改善更生し、社会復帰させ、もって再犯防止を図ることを目的の一つとしている刑務官の仕事について、書き留めようと思ったのです。本書は、私が実際に行ったことを中心に書いているので、矯正全体の考えと違う面もあるかもしれませんが、その点はご容赦願います。

また、受刑者を改善更生させ、社会復帰させるには、刑事施設内の処遇だけでは不十分です。復帰して日々生活する地域や社会は、出所者にとって決して居心地の良い場所ばかりではありません。より円滑な社会復帰、より永続的な再犯防止のためには、地域や社会を対象としての取組みが必要であり、「地域との共生」が重要なカギとなります。その第一歩として、まず刑事施設で何が行われているかを、一般市民の方々に知っていただくことが重要になってきます。そういう意味で、刑事施設が行っている処遇（＊3）を中心にお伝えしたいと思います。

凡例

一　矯正施設……刑務所、少年刑務所、拘置所、少年院、少年鑑別所及び婦人補導院を総称する語。

二　刑事施設……刑務所、少年刑務所及び拘置所を総称する語。また、少年院及び少年鑑別所を総称する語として、少年矯正施設が用いられる。

三　被収容者……矯正施設に収容されている者をいい、受刑者は自由刑（懲役、禁固及び拘留の刑）を執行される者をいう。

＊3　矯正行政の目的を実現するために、矯正職員による被収容者の取扱いの方法をいう。広義では、被収容者に対する日常生活の取扱い、収容確保のための規律維持作用、社会復帰に向けた教育作用の全般に及ぶ取扱いがある。

再犯防止をめざす刑務所の挑戦

美祢・島根あさひ社会復帰促進センター等の取組み

目次

第一部 再犯防止への取組み状況

1 美祢社会復帰促進センターでの取組み

◉プログラムシステム設計科の事例

再犯防止を語る上で、ある受刑者の処遇を話さなければなりません。それは、私が初任施設長として赴任した美祢《みね》社会復帰促進センターでの出来事です。一人の受刑者を社会復帰させるには、どの程度の困難が伴うかを検証した事例です。

美祢社会復帰促進センターでは大手ＩＴ企業の協力のもと、プログラムシステム設計科という、矯正史上初の出所後の就労支援までも考慮した、システムエンジニアを育成する集合職業訓練（＊4）を実施しました。これは、最初にＪＡＶＡを使用したプログラムを開発するのに必要な知識・技術を習得するため、六か月の訓練を受講させます。その後、大手ＩＴ企業との契約による刑務作業として、プログラム製作作業を六か月実施します。成績優秀者には、大手ＩＴ企業や関連会社に就職できるというものです。

二〇〇七（平成一九）年一〇月、全国から選抜された一八名を第一期生として開講しました。その中の一人であるＡ君は、ＩＴに興味を持つ二〇代の男性で、生後まもなく両親から見放され、養護施設で育ちました。そのことから、両親を恨み、同施設内でも長期間いじめを受けていました。その結果、人間不信になり、「ありがとう、ごめんなさい」が言えない性格になっていました。

Ａ君はパソコンが好きなだけあって、訓練時間はもちろん、夜間、免業日（＊5）の余暇時間もすべて勉強に費やしていました。しかし、パソコンのスクリーンセーバーを自分勝手に派手なものに変えたり、廊下を歩きながら他の者の居室に話しかけたりと、小さな反則行為を繰り返していました。生活面でもセンター内の規則を軽視している様子が数多く見られ、その都度、担当刑務官から指導を受けていました。

私以外のメンバーで誰がやるのですか？

訓練の約半分が過ぎた頃、実践的なコミュニケーション作りができるかどうかを確認するため、三人一組のグループを作り、演習を行うことになりました。ここでA君は、自分より高齢で、パソコンレベルの低い者と組むことになり、私たちはA君がどのようにグループをまとめていくのか、楽しみにしていました。

しかし、その期待はものの見事に裏切られたのです。A君はリーダー的立場であるにもかかわらず、他の二人とコミュニケーションをとらず、自分一人で先に作業を進めていきました。その方が早くでき、面倒でないという最悪の選択をしたのです。時間が経つにつれて、A君のグループの作業は遅れ、グループにまとまりが欠けているのが明白でした。

そして、グループの成果発表の日を迎えました。他のグループはそれぞれの者が協力し合っていることがわかる内容でしたが、A君のグループは時間が足りず、結局、A君が一人で作成した内容のようでした。その後の質疑応答での厳しい質問に、A君はしどろもどろになり、あ

＊4　職業訓練の類型は、全国から訓練生を集めて行う総合訓練、総合職業訓練施設以外の特定施設に訓練生を集めて行う集合訓練、自所の受刑者を対象として行う自所訓練がある。

＊5　刑の内容である「所定の作業」を免除した日をいう。通常、土曜日及び日曜日、国民の祝日、年末年始、夏期の定められた日のほか、月に二回、教育的処遇日を刑事施設の長は免業日と定める。

ろうことか「私以外のメンバーで誰がやるんですか?」という内容の発言をしました。他のメンバーの気持ちを顧みない発言が、センター生（美祢社会復帰促進センターでは、受刑者のことを「センター生」と呼んでいます）の協調的な雰囲気を壊す決定的な要因となってしまいました。

この後、センター生が自主的に話し合い、A君の考え方では良くないのではないかという話になりましたが、A君は「私は人を信用していない。あなたたちとも一緒にやれない。私に構わないでほしい」と言い、孤立してしまいました。A君には休憩中、他のセンター生に背を向けて座るなど幼稚な行動が見受けられました。担当刑務官もA君の発奮努力に期待して、慎重に様子を見守っていましたが、まったく動きがありませんでした。

自分の気持ちを素直に話して、劇的に変化

このままでは解決できないと思った担当刑務官が、勤務時間外の夜間にA君と面接を繰り返しました。最初、担当刑務官が「今のままで本当に良いのか」と聞くと、A君は「別に話すことはないから……」と返答するばかりでした。しかし、担当刑務官はA君の言動が本音とは思えなかったので、「自分の発言で思いもよらないことになり、後悔しているのだろう。自分が悪いと思うなら、素直に謝ればわかってくれるのではないか」などと指導を繰り返しました。するとA君もよほど堪えていたようで「素直に伝えられるかどうかはわからないけど、頑張

ってみます」と変わっていきました。

また、担当刑務官のA君に対する指導の様子を見て、他のセンター生もこのままでは良くないと感じたのか、一人、また一人とA君に話しかけ、自分たちでも何とかしようという流れが生まれ出したのです。

二週間後、A君が「自分の気持ちを素直に話して、精一杯、皆に謝罪しました。皆もまた一緒に頑張ろうと言ってくれて、嬉しかった」と担当刑務官に報告してきたのです。

ここからA君の行動は劇的な変化を生みました。二回目のグループ作業では、以前と見違えるほど積極的に動き、仲間からの信頼を得ていました。その後のプログラム製作という本格的な刑務作業でも、作業への積極性がまわりとの円滑な意思疎通にもつながり、作業時間以外にもグループの輪の中に常に入るようになっていったのです。

また、A君のエピソードをもう一つ紹介します。運動会のラジオ体操の指揮（模範演技として、皆の前で体操を行う）を同訓練室から一人出すことになった時、A君は自ら「私がやります」と申し出てきたそうです。結果は大成功でしたが、本当に嬉しい知らせは、運動会の後に入ってきました。美祢社会復帰促進センターでは、全員に課されている日記があり、これまでのA君の日記は感情も何もない、ただのスケジュール帳でした。しかし、運動会の翌日のA君の日記には「運動会の疲れがそれほどなくて良かった。朝食の時、皆の顔を見たが怪我とかしている人は見なかったので、本当に良かったです」と書いてあったそうです。

担当刑務官は「普通のありきたりな文章でしたが、彼が自分以外のことを書くのは初めてで、自分たちの指導が形に出てきたことが本当に嬉しかった」と語ってくれました。

A君はここを出所した後、誰にも頼れないことや、自分自身で将来を切り開いていくために何が不可欠なのかを遅まきながらわかってきたようでした。

そして、A君が仮釈放（＊6）前のユニット（目的が同じ者を集めて生活させている集団）に移る日が来ました。A君は残されたセンター生に「自分一人の力では絶対に達成できなかったと思います。本当にありがとうございました」と晴れ晴れとした表情で別れを告げ、訓練室を後にしました。私はこの時、偶然にもA君と廊下ですれ違いましたが、今まで挨拶をしたことのないA君が立ち止まり、深々と礼をしたことが、印象に残っています。

社会復帰のための多くの手続き

A君のケースは単なる受刑体験ではなく、新たな矯正処遇の効果が見られた事例です。この訓練室の担当刑務官は、B指標（＊7）の刑務所から転勤して来た柔道五段（当時）の猛者でした。彼が担当面接を熱心に行ったことで、すでに触れたようにまわりのセンター生は「担当刑務官が孤立したA君を集団に戻そう」としていることを敏感に察知し、A君に話しかけるようになりました。一方、A君も協調性を乱すような不用意な発言を認め、謝罪することにより、受刑者集団が自助的機能を有することにもなりました。

また、担当刑務官の指導力向上や、民間スタッフがセンター生を社会復帰させるために、いろいろな手段を講じて、受刑者の社会化の促進が図られたことも大きな成果です。この職業訓練はもともとＰＦＩ事業（詳しくは四三頁参照）の枠外なので、民間企業の絶大な支援を得て、ボランティアとして始まったものです。

この話には続きがあります。私は一人の受刑者を改善更生させ、社会復帰させるにはどの程度の手間がかかるのだろうかという疑問をもっていたので、A君を通して検証することにしました。

入所時、A君は身寄りがなく、半袖のＴシャツとジーパンの着た切り雀で、所持金四万円という状況でした。仕事は職業訓練のおかげで、大手ＩＴ企業に就職が決まっていました。企業

＊6　懲役又は禁固の刑の執行のため、刑事施設に拘置されている受刑者について、刑期満了前に一定の条件下で仮に釈放すること。仮釈放の処分を取り消されることなく未執行の刑期の期間を経過すれば、当該刑の執行を終了したこととする制度をいう。

＊7　分類調査において、犯罪傾向の進度による収容分類級の判定にあたり、B指標（犯罪傾向の進んでいる者）と判定される対象者。これに対して、犯罪傾向の進んでいない者はA指標という。

からは事前に要望が出され、銀行口座の開設、携帯電話の所持、通勤は背広にネクタイという、社会人であれば一般的なことでしたが、A君にとっては大きなハードルでした。

銀行口座の開設及び携帯電話の契約には、身分証明となるものが必要でした。運転免許証のないA君は住民票しかなく、入所前に住んでいた市町村に問い合わせたところ、職権で抹消されていました。これを復活させるには、戸籍謄本、附票が必要であり、出生届が出されたと思われる市町村に問い合わせをする必要がありました。住まいは保護観察所(＊8)にお願いし、更生保護施設(＊9)に入れるよう便宜を図っていただきました。また衣類は更生保護施設に対して、背広等の給与を依頼しました。このように一人の受刑者を社会復帰させるには多くの手続きが必要でした。A君の事例で官民職員は貴重な経験をし、それ以後の保護観察所との出所者受け入れ体制を整えるため、環境調整等の業務に大変役立ちました。

人と人とのつながりが、社会復帰には不可欠

仮釈放の日、乗車保護のためにA君を最寄りの駅まで送っていった車中で、A君は付き添いの職員に「もうセンターに来ることはできないのでしょうか。社会で頑張って、人並みの生活ができるようになったら、お礼を言いに来たいと思います」と目に涙をためて語ったそうです。

さらに、A君が出所して二か月が経過した頃、担当刑務官から「真夜中に目を覚ますことがあ

り、コンビニで弁当を万引きして警察に捕まった夢を見る」という話を聞きました。

矯正の世界では、出所後の生活状況に口を挟むことはタブーとされています（出所者と接触することは職務外であり、また在所者との意思疎通の橋渡しを行う可能性があるため、好ましくないとされている）。しかし、A君には就労のモデルケースとして成功してほしかったので、担当刑務官と二人でA君に会いに行くことにしました。

勤務している会社の担当者からは「A君は仕事を熱心に行っており、社内での評判も良い」という話でした。しかし、実際にA君に会うと、表情は暗く、後ろめたさを感じているようなので、面接する機会をいただきました。

担当刑務官が話しかけると、うなだれて聞いていたA君は、現在の状況をゆっくりと語り始めました。出所する際に、私たちとの約束である「月一〇万円を貯金し、六か月後には自立する」ということを行っていませんでした。毎日、駄菓子を山ほど買い、休みにはゲームセンター

＊8　法務省に置かれる地方支分部局の一つである。保護観察を実施すること、犯罪の予防を図るため、世論を啓発指導し、社会環境の改善に努め、及び犯罪の予防を目的とする地方の住民の活動を助長すること等の事務を所掌する。全国に五〇か所ある。

＊9　保護観察に付されている者などを宿泊させ、更生に必要な保護を行う施設である。法務大臣の認可を受けた更生保護法人が運営する。全国に一〇三か所ある。

に入り浸る生活をしていました。ギャンブルに手を出したわけではありませんが、手元の四万円の現金が全財産でした。仕事上でも、私生活上でも、話し相手や相談相手がいなかったので、このような状況を招いたのではないかと思います。担当刑務官との面接がきっかけになったのか、A君はそれから月に一五万円を貯金し、四か月で家賃一五か月分を前払いするアパート（身元保証人がいないため、通常のアパートには入居できなかった）に引っ越し、自立した生活を送ることになりました。

ここで終われば就労支援の成功例となったのでしょうが、その後、A君は突然、皆の前から姿を消したのです。大手ＩＴ企業の社員は東大、東工大、早稲田大と一流大学を卒業した人たちが大半でした。私生活の部分はもちろん、会社での会話もまったく嚙み合わなかったと、後日会社の担当者から話がありました。私たちもそのことは想定していたので、ゆくゆくは同企業内に、美祢社会復帰促進センターの卒業生だけのチームを作ることを計画していました。そのことは、A君にも話していましたが、孤独感に耐えられなかったのだと思います。

受刑者を社会復帰させるには、ただ仕事を与えるだけでは不十分です。仕事を通して人と人とのつながりを作らなければ、仕事を続けることはできないのです。社会内で就労と教育の機会を与えることによって、社会的排除や孤立、貧困から救うことができると考えています。A君の事例は、そのことを私に教えてくれました（図1）。

図1　プログラム設計科の事例（A君のケース）

生育歴

両親と実弟2人であるが、小1から高3まで養護施設で生育した。両親についての記憶がない。養護施設を出てから、実弟とも連絡を取り合っていない。

施設や学校でいじめを受けることが多かった。人間関係の問題等で転職を繰り返していた。24歳ごろから、ゲーム欲しさに侵入盗（知人盗）を繰り返すようになった。

訓練の様子

○ 訓練前半
1 熱心な学習態度
2 細かな約束事の軽視
3 不器用な人間関係

○ 訓練後半
1 訓練における挫折体験
2 訓練室での孤立
3 人間関係の修復
4 挫折体験の克服

○ 訓練修了後
1 人間関係の改善
2 自主性・積極性の獲得
3 出所後を意識した生活態度

出所時に講じた措置

○ 衣・食・住の確保
1 保護観察所にお願いし、仮釈放期間が過ぎても更生保護施設にいられるよう、便宜を図ってもらった。
2 更生保護施設に対し、スーツ等の給与を依頼した。

○ 銀行口座の開設
口座の確認と新規口座開設の書類等確認

○ 住民票
戸籍謄本と附票の送付依頼

○ 身分証明書
住民基本台帳カード作成に必要な書類確認

○ 携帯電話
新規契約に必要な書類確認

矯正処遇上の効果

1 受刑者集団が自助的機能を有するようになった
2 刑務官の処遇力向上が図られた
3 民間スタッフの合理的・柔軟な視点→社会化の促進

◉社会貢献活動プログラムの事例

「山口市からここまで来る間に、宇部興産の大きな煙突が三本ありますが、見る角度によっては二本に見えたり、一本に見えたりします。人間の見方も社会の見方も同じようなことが言えるのでないでしょうか」

これは聴覚障碍のある講師の授業の一場面です。

美祢社会復帰促進センターでは「社会貢献活動」として「手話基礎科」を実施しています。なぜ受刑者を「社会貢献活動」に参加させるのか。その目的について、ここでは説明していきます。

まず、受刑者は一般的に自己評価が低いと言われています。というのも、刑務所に入るまでにさまざまな失敗を重ね、社会からマイナスの評価を受けてきたからです。加えて、刑務所に入り、受刑体験をすることは、釈放後の彼らの評価をさらに低くします。これらは受刑者が自ら招いた結果であり、自業自得ですが、そのまま何も手当てせずに出所させると、社会からの疎外感が増し、自暴自棄になって、再び罪を犯すことになります。したがって、受刑者に貼られたマイナスのラベリングを剝がす機会を与えなければなりません。それがあって初めて社会や被害者との関係修復を考えることができると思います。

この社会貢献活動プログラムをやり遂げ、社会から積極的評価を受けることによって、マイナスの自己評価から脱却し、自己回復が図られ、自信を取り戻すことができます。これが、社会復帰への希望につながると考えています。また、人間は誰でも「役に立っている」「必要とされている」「愛されている」「褒められる」など、他の人から思われたいという気持ちを持っています。そういう意味で、社会貢献活動プログラムは非常に有効だといえます。

次に、美祢社会復帰促進センターで実施している「手話基礎科」の具体的内容について説明します。この訓練のねらいは、手話の役割と基礎を学ぶことによって、聴覚障碍者に対する理解を促すものですが、併せて、手話による簡単な問いかけや自己紹介ができる技能の習得を目指すものです。開設以来、全センター生が週一回（一回あたりの訓練は約三時間三〇分、全一二回のカリキュラム）、実施しています。

手話基礎科

この訓練のコンセプトの一つは、他人への思いやりの心や偏見差別と向き合うことによって、自己中心主義からの脱却を図るものです。聴覚障碍者の実体験「社会の中でのマイノリティに対する各種の偏見に気づく」という講義や、山口県ゆかりの詩人・金子みすゞの「みんなちがって、みんないい」という詩などから学ぶプログラムとなっています。

もう一つは挫折感の克服です。聴覚障碍をもった弁護士、医師、歌手やダンサー等が頑張っている姿を教え、ハンデを克服する生き様を紹介していきます。

指導の特徴としては、補助講師を聴覚障碍者の方にお願いしていることです。これによって、接し方やマナーなどを実践的に学ぶだけでなく、手話技能の実体験もできます。指導形態としては、グループワークやワークショップを導入し、積極的なコミュニケーションによる他人への理解を図る方法を取り入れています(図2)。


ここで一つエピソードを紹介します。担当刑務官を通じてセンター生が「手話基礎科」の最終回に、自主的に講師の方々へお礼の言葉を手話で伝えたいと申し入れて来ました。それを許可したところ、講師へのお礼の言葉と唱歌「ハナミズキ」を手話で歌ったのです。

ある講師の先生から、次のようなコメントがありました。


「当日は突然のことで講師全員、最初はとても驚いた様子でしたが、センター生の一つひとつの手話にうなずき、涙を流していました。聴覚障碍者のある講師からは『自分は障碍者という立場から人様に迷惑をかけるばかりでしたが、今日は感謝された。このような経験は初めてだった』と言われました。

別のある講師からは『最初は、なぜ手話をしなければならないのかという冷ややかな態

図 2　社会貢献活動プログラムの事例

プログラムの有効性

受刑者は一般的に自己評価が低い←社会でさまざまな失敗、社会からマイナスの評価
↓
自らに貼られた負のラベリングを剥がす機会を与える
↓
社会から積極的評価を受けることにより、マイナスの自己評価から脱却し、自己回復を図り、自信を取り戻す→社会復帰への希望につながる

【手話基礎科】

◎訓練の概要
手話の役割と手話の基礎を学ぶことの意義を伝え、聴覚障碍者に対する理解を促し深める。併せて、手話による簡単な問いかけ及び簡単な自己紹介ができる技能を習得する。
◎コンセプト
自己中心主義からの脱却
→他者への思いやりの心や偏見差別との対峙
挫折感の克服
→ハンデを克服する生き様の紹介、福祉の理念・施策
◎指導における特徴
聴覚障碍者による補助講師が果たす効果
指導形態による効果

「手話基礎科」の最終回に、講師の方々へのお礼に、手話で歌を贈りました。これは、センター生たちが自主的に行ったものです。ある講師の先生から、次のようなコメントがありました。

「当日は突然のことで講師全員、最初はとても驚いた様子でしたが、センター生の一つひとつの手話にうなずき、涙を流していました。聴覚障碍者のある講師からは『自分は障碍者という立場から人様に迷惑をかけるばかりでしたが、今日は感謝された。このような経験は初めてだった』と言われました。

別のある講師からは『最初は、なぜ手話をしなければならないのかという冷ややかな態度でしたが、少しずつ変わってきてくれて本当に嬉しかった。とても感動的で言葉にならない』と言われました。

また、講義の最後に書いてもらったセンター生の感想文の一節『私も社会に帰れば違う意味で障碍者だ。でも、障碍を持っていてもしっかり生きていく人がいることを思い出して頑張りたい』という文章が印象に残っています」とも言われました。

他人から思われたいという気持ち
「役に立っている」
「必要とされている」
「愛されている」
「褒められる」

➡ 社会の中に入る勇気と成し遂げる忍耐力

度でしたが、少しずつ変わってきてくれて本当に嬉しかった。とても感動的で言葉にならない』と言われました。

また、講義の最後に書いてもらったセンター生の感想文の一節『私も社会に帰れば違う意味で障碍者だ。でも、障碍を持っていてもしっかり生きていく人がいることを思い出して頑張りたい』という文章が印象に残っています」

今回、彼女たちが選んだ「ハナミズキ」という曲は、九・一一のアメリカ同時多発テロを受けて作られた曲です。平和への祈りを込めて、出所後も手話を思い出し、平和を願う心を忘れないために、この曲を選んだと聞いています。受刑者が自主的に企画、実施することは、他の刑務所では考えられないエピソードです。社会貢献活動プログラムが、受刑者の自主性に働きかけ、社会復帰のための心の支えになっているのではないでしょうか。

余談ですが、この後、聴覚障碍者の講師から「センター長はバレーボールの練習をしているそうですね。私も参加して良いですか」と話があり、一緒にバレーボールの練習をしました。健常者の人とまったく同じプレーをしており、何に対しても努力を惜しまない方だったことを思い出します。

◉就労支援活動の始まり

二〇〇九（平成二一）年一月、ＰＦＩ事業に参画している小学館集英社プロダクションの北村啓一常務（当時）から連絡がありました。受刑者の就労支援に関心のある大阪の外食産業の社長さんらが「美祢社会復帰促進センターを見学したいと言っているが、許可できるか」との内容でした。北村氏からは以前にも就労支援の話があったので、二つ返事でお願いしました。

二月、大阪の外食産業の社長・役員、専門学校の理事長・校長、大阪府文化情報センターの人たちによる見学が実施されました。美祢社会復帰促進センターの就労支援の取組み状況や受刑者が出所した後の就職状況など、就労支援に特化した概況説明を行った後、施設内を見て回りました。お好み焼き店チェーン「千房《ちぼう》」の中井政嗣社長（当時）が「よくわかりました。採用を前向きに検討しましょう」と言ってくれました。

千房社長から求人の申込み

それから四か月後、中井社長から雇用の求めがありました。「男女二人ずつ、計四人を面接しましょう。受刑生活の中で素直で誠実だと思われる人を推薦してください。ただし、実際に採用するのは一人か二人にさせていただきます。それから、年齢は見た目が二五歳前後、できれば三〇歳までの人をお願いしたい」というものでした。

美祢社会復帰促進センターの居室棟、職業訓練棟の食堂に、「千房」の求人告知が張り出されたのは六月でした。その中には採用条件とともに「人生をやり直すくらいの気持ちを持って応募してください。あなたの後に続く人がいることを忘れないように」という中井社長のメッセージが添えられていました。刑務所内で求人広告を掲示するのはたぶん全国で初めてのことであり、その内容については随分と打合せをしたと記憶しています。また、企業に対する受刑者の情報についても打合せを行い、個人情報保護の観点から、応募者本人からの情報のみ企業に提出することにし、官側からの情報開示は行わないこととしました。

そして七月、応募した一三人の中から四人を選び、センターが推薦する四人と施設内で面接することになりました。しかし、これにも異論を唱える職員がいました。一企業の便宜を国が行ってよいのかというものでしたが、企業の利益のためではなく、受刑者の社会復帰のために行うことであるとして納得していただきました。

面接には、中井社長と人事部長の二人が来庁しました。面接時間は各一時間半、刑務官の立会はありませんでした。当時、面接内容については、面接を受けたセンター生からの情報のみでしたが、後日、中井政嗣著『それでええやんか!』（潮出版社、二〇一二年）で知るところとなりました。面接終了後、中井社長と人事部長を見送るために正面玄関でお礼を言ったところ、中井社長から「うちの従業員をよろしくお願いします」と言われました。その場で一人の内定を決定していただいたのです。涙が溢れるくらい嬉しかったことを記憶しています。

その年（二〇〇九年）の一二月一七日の朝、雪降る中で仮釈放されたB君は、迎えに来ていただいた副社長と人事部長とともに大阪に向かいました。中井社長の計らいで、衣食住はすべて完備。さらに驚いたのは、サポート隊（＊10）を結成し、B君のプライベートの時間もフォローしていただいたことです。前述したA君にもこのような組織があれば違った形になっていたのかもしれません。このような活動が増えることを願っていますし、増やす努力をする必要があります。それには刑務所の実態を良く知ってもらう必要があると考えています。

B君はその後、主任昇格試験に合格し、店長候補として頑張っていましたが、昔の不良グループと交流するようになり、ドロップアウトしてしまいました。B君にどんなことがあったのか、私には計り知りませんが、中井社長やまわりで協力していただいた人々の期待を裏切ったことは間違いありません。それでも未だに再犯防止に取り組んでいただいている中井社長には頭の下がる思いです。

＊10　サポート隊は大阪成蹊大学・山本憲司教授（当時）とそのゼミ生で組織されていました。美祢社会復帰促進センターにも一度見学に来ていただき、意見交換を行いました。

センターの職業紹介（推薦行為）は違法か

しかし、美祢社会復帰促進センターの推薦行為に問題がありました。美祢社会復帰促進センターで実施した職業紹介は、職業安定法違反ではないかということです。法第三三条の二「無料職業紹介事業」には、学校等の職業紹介は認められていますが、それ以外の国の機関には認められていません。民間企業も行うことはできますが、労働大臣の認可が必要です。私どももそのことは認識しており、山陽小野田市地域職業相談室に係官を派遣し、見解を尋ねました。

すると、「法律制定時に刑務所で職業紹介をすることは想定されなかったのでしょう。職業安定所では一般市民の対応で精一杯です。受刑者が社会復帰する上で、就職できるかは大きなことですので、どんどん行ってください」とのことでした。その後、職業安定所と調整し、受刑者の就職を希望する企業は職業安定所に登録し、職業安定所を通して、実施することになりました。

それから二年後、私は名古屋矯正管区に配置換えになりましたが、そこでは職業安定法がネックとなり、まだ職業紹介を行っていませんでした。全国的に、このような取組みがまだまだ理解されていなかったのです。現在は刑務所出所者の総合的就労支援対策が整備され、刑務所にハローワークの職員が常駐するなど、制度が大きく変わりました。後述しますが、矯正にも就労支援情報センター（コレワーク：通称名で国民の公募によって決定）という組織ができました。

職親プロジェクトの誕生

その後、「日本財団職親プロジェクト」という再犯防止活動を目的とする組織が立ち上がりました。この団体は、一人でも多くの社会復帰を後押ししています。新たな犯罪を未然に生み出さないために、そして、より安心して暮らせる日本をつくるために、官民連携で出所者等が再び罪を犯さないよう「職の親」となり、自立更生を推進する活動を行っています。日本財団職親プロジェクトは、二〇一三（平成二五）年二月に大阪地区で九社が参加して発足しました。その後、二〇一三（平成二五）年一二月に東京地区で二〇社、二〇一五（平成二七）年一一月に福岡地区で一二社が追加で加盟しました。参加企業が増加し、二〇二〇（令和二）年現在一六九社となっています。

日本財団職親プロジェクトは、企業と連携し、少年院出院者や刑務所出所者に就労体験を提供することで、円滑な社会復帰を支援するとともに、再犯率の低下を目指す目的で設立されています。出院者や出所者のうち、自立、更生意欲の高い者を対象に少年院や刑務所内で面接を行います。そして、出院、出所後六か月以内に就労体験を行い、多くはそのまま雇用へとつなぎます。居住は社員寮や更生保護施設のほか、出院者、出所者に「教育」を提供する民間支援施設（大阪、福岡のみ）があり、生活をサポートしています。

日本財団職親プロジェクトのホームページを見ると、二〇一三（平成二五）年二月から二〇一七（平成二九）年四月までの四年間で、応募者総数二七九人、うち内定者一三五人、就労体験者数九五人、退職者数六三人、六か月以上就労定着率二〇・二五％となっています。まだまだ定着率が悪く、今後の課題です。

ちなみに、私が美祢社会復帰促進センターに在職中、もう一人「千房」に就職していますが、出所者が「千房」で働いている姿を見ていません。

二〇一六（平成二八）年四月、大阪矯正管区長として大阪に赴任し、最初に思ったのは、卒業生が「千房」で働いている姿を見ることでした。中井社長に案内され、従業員を紹介されました。「私は市原刑務所に服役していました。〇〇と申します」と自己紹介され、手には名刺を持っていました。「大阪矯正管区長の手塚です」と名刺を交換すると、中井社長は「こんな偉い人の名刺をもらう機会はないのだから、額に入れて飾っときなさい」と大阪特有のユーモアを交えた面談となりました。「頑張ってください」と握手をして店を出てきました。

その後も何度か店に行きましたが、大きな声を出し、元気な笑顔で接客している姿を見て、安心しました。法務副大臣と矯正局長が「再犯防止キャンペーン」で大阪に来られた際にも昼食でご案内する機会がありましたが、働いている卒業生に挨拶いただき、自分が彼らの父親になったように嬉しかったことを忘れません。

◉更生保護女性会の活動

更生保護女性会の協力及び支援も忘れてはなりません。カトリック教会には祈りの対象として母子像が置いてあります。幼子イエスを抱く聖母マリアの姿です。カトリック教徒ではない私でも、その像を見ると拝みたくなるものです。なぜかしら、女性の刑務所には必ず母子像があります。どうして母子像を置くようになったのかは知りませんが、子を抱く母は人間にとって特別な意味を持つのかもしれません。

母子像

美祢社会復帰促進センターを開設する際にも、母子像を設置するかどうか検討しました。施設整備費では明確な説明がつかないので、国の経費では支出が困難でした。そこで、他の女性刑務所の経緯を調べてみると、寄贈だとわかったので、光市（山口県）に居住していた日本更生保護女性連盟副会長（当時）の桝《ます》野《の》文子《ふみこ》氏に相談に行きました。その結果、母子像は地元の彫刻家が製作し、費用を山口県更生保護女性連盟が寄付することで解決しました。今も女性センター生が工場に働きに行く時に見えるよう、中庭に設置しています。当時の統計資料がなく、確かなことは言えませんが、女性センター生の半数は出産経験があったと記憶しています。母子像を見て、わが子を思い出した女性センター生もたくさんいたのではないかと思います。

また、私が美祢社会復帰促進センター長の時、単調な受刑生活の中で四季を感じる行事を取り入れたいと思っていました。女性センター生を収容していたので、女性に相応しい行事を何かできないか考えていました。私が採用になった札幌刑務所では男区と女区（現在の札幌刑務支所）に分かれており、女区には一〇〇人ほどの女性受刑者が収容されていました。そこでは、夏になると盆踊り大会が開かれていました。当時の私は若かったため、盆踊り大会の警備要員として、その光景を目にしていました。

盆踊り大会

化粧をした女性受刑者は華やかであり、受刑生活を一瞬忘れさせてくれます。皆さん、笑顔で踊っていました。

そこで、美祢社会復帰促進センターでも盆踊り大会を行おうと思い、再び桝野氏に相談に行ったのです。すると、浴衣は山口県更生保護女性連盟が集めることになり、一か月も経たないうちに、各支部から美祢社会復帰促進センターに浴衣が送られてきました。総数は八五〇着を越えたと思います。櫓は元・美祢市議会議長の秋山哲朗氏に、提灯は現・美祢市長の西岡晃氏に寄贈していただき、盆踊り大会を実施することができました。当日、女性センター生の着付けと踊りの稽古は美祢地区更生保護女性会の皆さんに協力いただきました。関係者を招いて華々しく開催したのを思い出します。私も浴衣を着て参加しましたが、黒っぽい浴衣を着たところ、桝野氏から「白っぽい浴衣を着なきゃ駄目よ」と叱られ、女性センター生に化粧をさせていないことに「紅ぐらい引かせなさい」と怒られたことも思い出として残っています。

この他に更生保護女性会には、ボランティア啓発科でもご協力をお願いしています。社会貢献活動やボランティア活動に関する知識とスキルを習得することを目的としています。実習として、センター生には藁草履の作り方を教え、老人ホーム等に寄贈しています。不器用な男性センター生が更生保護女性会の方々に怒られている光景は、ここが刑務所であることを忘れさせてくれます。

ふくろうの福ちゃん

島根あさひ社会復帰促進センターでは、更生を願う浜田地区更生保護女性会から、出所者に「ふくろう」のグッズを贈っています。これは二〇〇八（平成二〇）年、浜田地区更生保護女性会の皆さんが集まり、「更生グッズを考える会」を立ち上げ、試行錯誤した結果、手作りでふくろうを製作することにしたのでした。「ふくろう」は幸福を呼ぶ神なので、社会に帰って幸福になってほしいという願いが込められています。出所者が釈放時のアンケートにこんなことを書いていました。

「厳しい号令　温かい目線　そんな雰囲気が収容者を包んで時が過ぎる。それを取り巻く旭町。出発の記念に『ふくろう』のかざりが贈られる。そんな一つ一つが世の中を美しくする」

更生保護女性会の皆さんの願いがきっと出所者に届いていることでしょう。

ここで更生保護女性会のことを少し紹介すると、戦前から少年保護などの活動を行っていた女性団体が前身だそうです。一九四九（昭和二四）年に更生保護制度が発足したことに伴い、全国に地区更生保護婦人会が組織されていきました。その後、県単位、地方単位での組織化が進み、現在の形になったということです。更生保護女性会は、進んで更生保護に協力するボランティア団体で、全国各地で約一八万人の会員が活動しています。具体的には更生保護活動として、保護観察処遇への協力、更生保護施設や矯正施設への支援として、刑務所や少年院などの矯正施設を訪問し、被収容者を励まし、立ち直りのために良い環境を整えることなどに協力しています。この他、犯罪非行防止活動や子育て支援活動なども行っています。

矯正には更生保護女性会の他に「地域のちから」として、教誨師や篤志面接委員が活動しており、矯正施設の運営を支え、受刑者の改善更生、社会復帰の支援を行っています。

教誨師は、被収容者に宗教教誨を講じる民間の篤志家である宗教家です。一八八一（明治一四）年監獄則で教誨制度が法制化された際、官制として教誨師が設けられましたが、戦後の日本国憲法の厳格な政教分離主義により、特定の宗教宗派の宗教家を国家公務員として採用することができなくなりました。しかし、被収容者の信仰の自由を制限できないため、民間の篤志家である宗教家に宗教教誨をお願いしています。

篤志面接委員は、受刑者及び少年院在院者に対して面接による助言・指導等を行う民間の篤志家です。その活動としては受刑者等の精神的な悩みや家族、職業、将来の生活設計等の相談助言のほか、教養や趣味等を向上させる指導も行っています。

◉女性受刑者の処遇

美祢社会復帰促進センターでは、女性センター生も収容していますが（私がセンター長の時、女性受刑者四五〇人、男性受刑者四〇〇人、計八五〇人を収容していた）、全国的に女性収容人員の増加が問題になっています。「平成三〇年版　犯罪白書」によると、二〇一七（平成二九）年の新受

図３　一般刑法犯検挙人数女性比及び新受刑者女性比

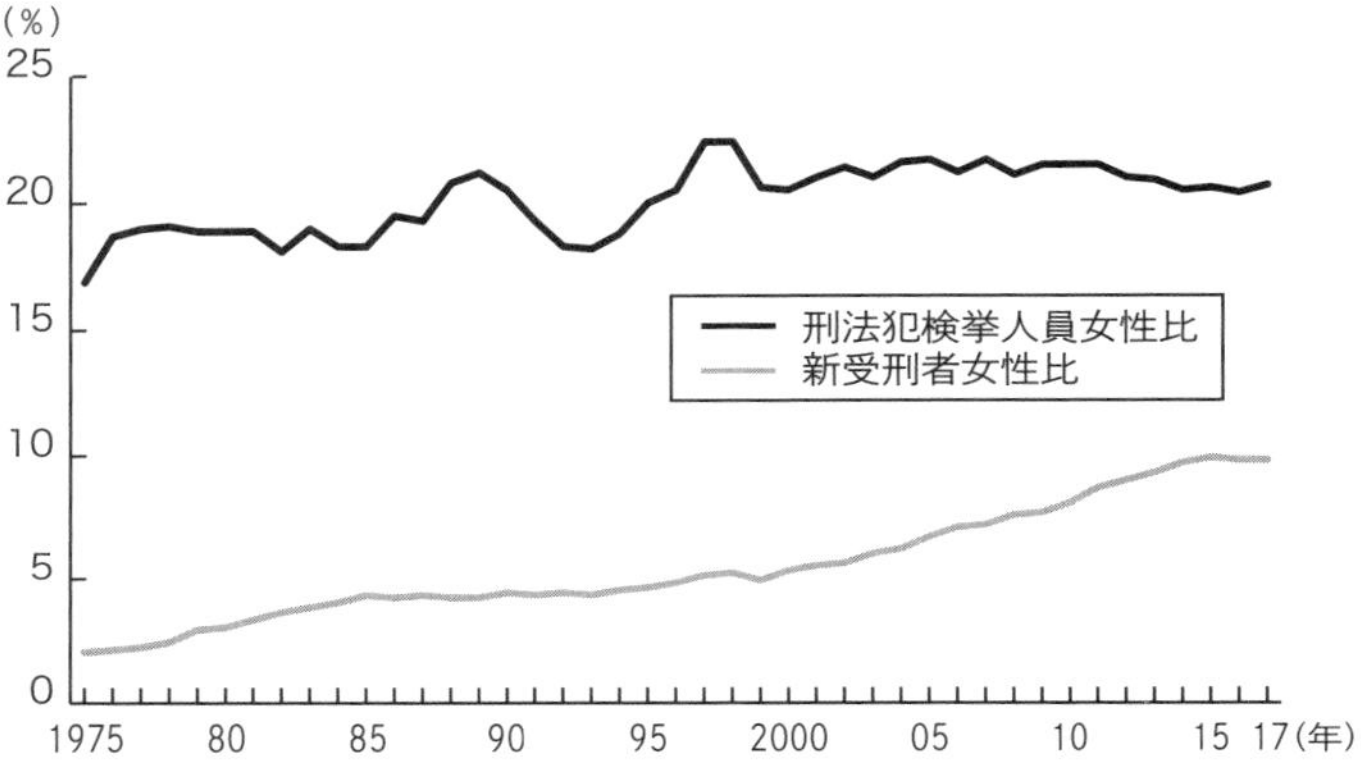

出典：「平成30年版　犯罪白書」

刑者（＊11）は一万九三三六人で、そのうち女性受刑者は一八九二人、割合は九・八％です。一九七八（昭和五三）年の新受刑者の総数に占める女性の割合がわずか二・四％だったので、急激に増加しています。

また、二〇一七（平成二九）年の一般刑法犯（＊12）検挙人員は二一万五〇〇三人で、そのうち女性は四万四四〇八人、割合は二〇・七％です。一九七八（昭和五三）年の女性の割合が一九・一％であったことからすると、それほど増加はしていません。女性犯罪の発生状況と、実際に刑務所へ入所する女性受刑者の割合を比べれば、女性は警察、検察及び裁判所という刑事手続の中で、かなり寛大な扱いを受けていました。しかし、最近は寛大な扱いを受けられなくなったと推測されます（図3）。

最近の女性受刑者の特徴は、精神疾患者、高齢受刑者、窃盗事犯者（万引き）の急激な増加です。また、家庭問題、依存性の高さ、摂食障害などの女性特有の問題もあります。

そのような中で、女性刑務官は結婚、出産という人生の大イベントを機に退職する者が多く、半数程度の職員が三〇歳未満です。若年職員ということもあり、職務執行力に弱い面がありま す。女性監督者層についても、段階を追って刑事施設の役職を経験していない人が多く、新法（刑事収容施設及び被収容者の処遇に関する法律）の改正前後に女性施設で勤務していない人が多いなど、やや脆弱な感があります。

女性受刑者を収容する刑務所は、全国に九か所（＊13）ありますが、美祢社会復帰促進センター以外は分類収容（＊14）ではなく、地域収容（＊15）です。これは保護者等から遠くに離れることの不利益を考え、環境調整のために地域収容は有利であるとの考えからです。

＊11　裁判が確定し、その執行を受けるため、新たに刑事施設に入所するなどした受刑者をいう。入所受刑者ともいう。
＊12　刑法犯全体から自動車運転過失致死傷等を除いたもの。
＊13　この他に、加古川刑務所と北九州医療刑務所の一画に女区がある。
＊14　受刑者の個々の人格特性や社会的・環境的問題等に応じて受刑者を分類し、分類された受刑者に最も適切な処遇を行うため、収容施設を分けている。
＊15　分類による収容施設の指定ではなく、帰住先から近い施設に収容する。

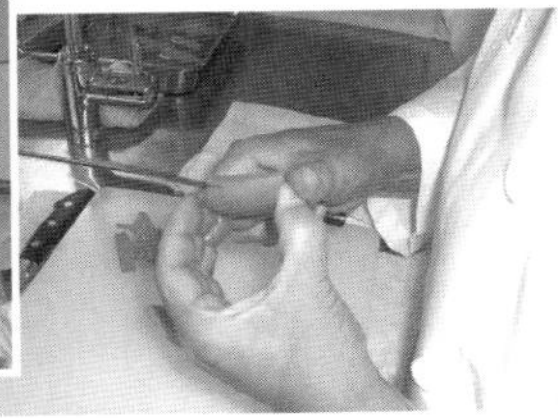

フード・コーディネーター養成科

また、B指標受刑者（犯罪傾向が進んでいる者）がA指標受刑者（犯罪傾向が進んでいない者）に対して、作業面でも生活面でもある程度指導していく立場にあり、施設運営がやりやすい面もあります。あるいは、B指標受刑者を見て、A指標受刑者が改悛するという、反面教師というか自助作用があるという意見もあり、混禁収容（犯罪傾向の進度の違う者等を一緒に収容すること）については賛否両論があります。

しかし、管理しやすいことと処遇効果は別次元の問題であり、効率的な改善更生、社会復帰を考えるのであれば、A・B指標受刑者を分けた方が良い。刑事施設の中で生きていく受刑者を育てるのではなく、社会復帰させ、再犯しない受刑者を育てるためには、収容対象者に応じた集中的な改善指導が必要です。

女性受刑者処遇については、半開放居室（＊16）、大食堂喫食方式（＊17）、居室の備品、自弁品、下着等についても、男性受刑者より進んだ処遇で先進的取組みを行っていました。最近、管理運営を重視する傾向にあり、新営施設では閉鎖居室（＊18）、居室配食方式になり、処遇も男性受刑者と変わらなくなったのではないかと思います。本来であれば、もっと開放的処遇に向かうべきではないでしょうか。通役（＊19）や外部通勤制度（＊20）を積極的に活用すべきだと思います。

また時代の変化とともに、家庭にあっても、保護的環境の下で生活できることを期待できない者が増加しています。中高年の女性の職場を確保する必要があります。美祢社会復帰促進センターでは女性センター生の職業訓練として「フード・コーディネーター養成科」を開設しました。この職業訓練は、調理業界が求めている「即戦力」を育成するとともに、フードコーディネーター三級の資格取得を視野に入れた知識や技術を提供しています。また、雇用需要のある調理補助員として活躍できるレベルの「仕込み」を早く正確にできるよう技術指導を実施します。さらに、食材と調理、テーブルウェアと食器配置、食事スタイルとサービス手法、総体としての食文化の知識取得を目的としています。訓練修了後、女性センター生を構外のレストラ

＊16　各室に鍵がかかるのではなく、棟の出入口に鍵がかかる構造。棟の中ではある程度自由が認められている。
＊17　毎食ごと、受刑者を大食堂に移動させて食事させる方式。
＊18　各室ごと鍵がかかる構造。
＊19　施設外の農場や工場で刑務官の戒護の下、作業させる形態。
＊20　刑務官の戒護なしで、通勤、作業をさせる形態。

美祢社会復帰促進センター（挿画：筆者）

ン等で一定期間就業を体験させることが必要であり、これらを通して、職業についての知識と技能を学び、自律の態度や職業人としての自信を得ると思います。

この職業訓練では別の効果も生みました。女性センター生の半数は出産経験がありますが、自分で子どもを育てたことのない者や育てたことがあっても手料理を作ったことがなく、コンビニの弁当を与えていた者が多数いることです。訓練で作った料理を前にして、手料理を子どもに食べさせてあげたいと涙ぐむ女性センター生がいました。

女性受刑者は資格取得には熱心ですが、男性の庇護の下で生活していた者が多いためか、働きたくないという傾向が強いです。女性受刑者に特徴的な問題性やニーズに対応した改善指導、職業訓練に関する新しいアイデアが必要です。もっと高度で専門的な訓練や指導を実施していくには、特定の施設に資源を集中的に投入する必要があります。美祢社会復帰促進センターを増築する際に、段階的処遇と総合職業訓練の構想を提案しました。女性受刑者処遇には、閉鎖処遇から半開放処遇、開放処遇へと短期的な目標設定が必要ではないかと思います。これは、居室内の作業から始まり、工場で働くという集団処遇を実施。次に、敷地内の農業や清掃等の半開放処遇を経験させ、敷地外の工場や農場で働くという開放処遇を行っていくものです。段階を明確にすることにより、目標設定が行いやすくなり、受刑生活を有意義に送ることができると思います。

2 日本初のPFI刑務所・美祢社会復帰促進センターの全体像

二〇〇七（平成一九）年四月、わが国初のPFI手法を活用した刑務所の整備・運営事業（以下、刑務所PFI事業）である「美祢《みね》社会復帰促進センター」が山口県美祢市に誕生しました。PFI手法による新たな刑務所を整備するにあたり、「官民協働の運営」を行うとともに、「地域との共生」を図ることにより、「国民に理解され、支えられる刑務所」を目指しました。この方針の下、男女の初犯受刑者をそれぞれ五〇〇人（その後、女性受刑者用に三〇〇人増設）を収容し、改善更生の可能性が高い受刑者に、多様で柔軟な処遇を試みました。最終的には「人材の再生」

を目標としています。

◉設備・構造上の工夫

美祢社会復帰促進センターでは、設備・構造に工夫を施しています。収容棟内の廊下が先細りになっているのです。これは鎌倉の鶴岡八幡宮の参道のように奥行きを持たせることを目的としたものでなく、居室の扉を見やすくした構造にするためです。また、収容棟はL字型平面計画とし、収容棟内の中央に設置された監視室からは、受刑者が食事や教育を行う共有スペースの多目的ホールを含め、三方向の視察が可能です。したがって、受刑者がどの扉から出入りしたかが一目でわかる構造になっています。さらに監視室内は専用階段で結ばれており、少ない職員でも効率的な収容監視が可能になっています。収容棟と職業訓練棟を結ぶ廊下もできる限り短くされており、効率的かつ効果的な動線計画が施されています。

居室棟の廊下

また、無線タグを受刑者の衣服に装着させ、施設内各所に設置されたアンテナで感知することにより、パソコンの操作画面上に現在位置、移動軌跡等の位置情報をリアルタイムで表示す

図４　最新の警備システム

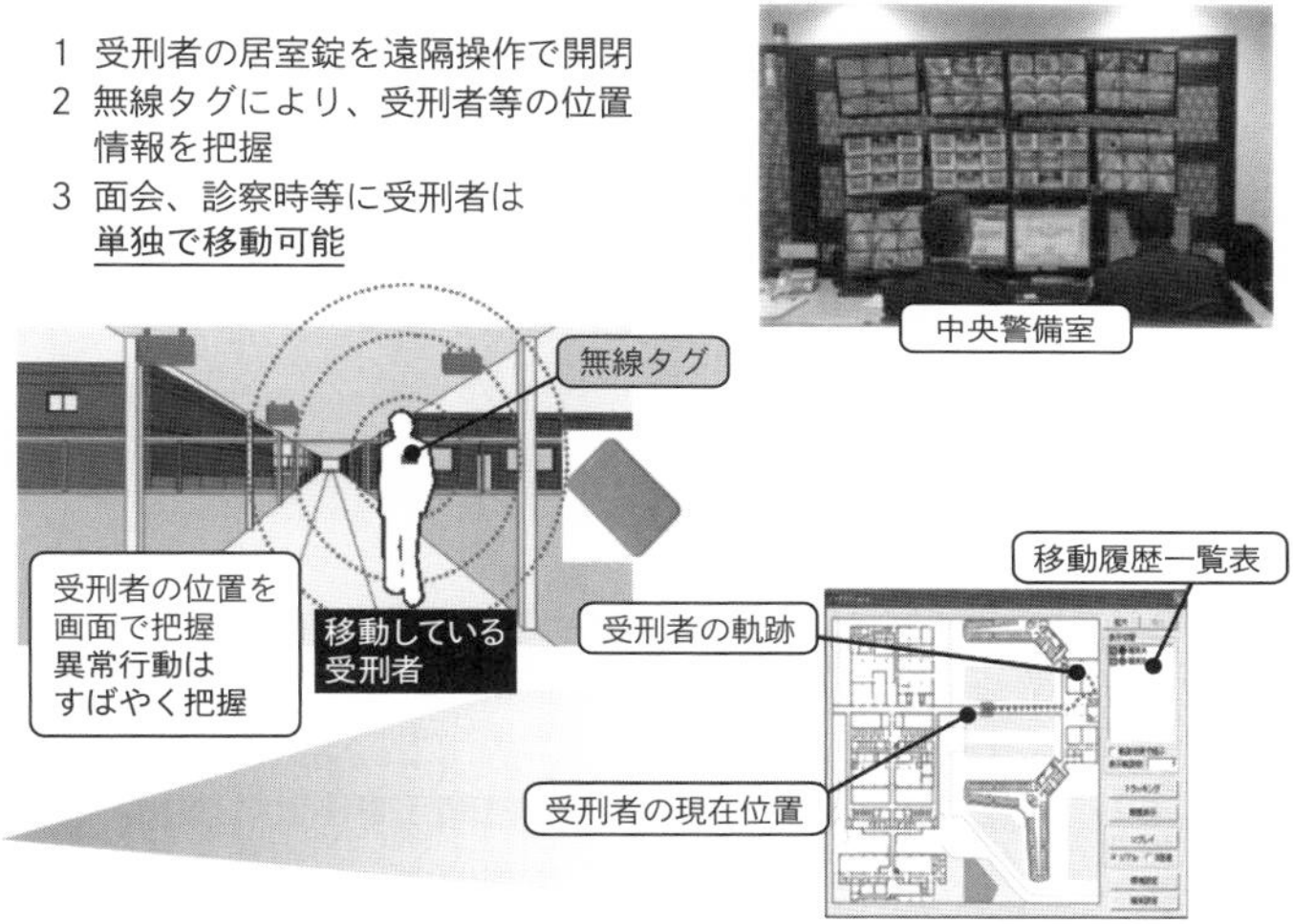

るシステムが導入されています（図4）。受刑者だけでなく、勤務する職員も、見学に来られた方々もどこにいるか把握・管理されています。これにより、戒護区域内であれば、受刑者を一人で移動させることが可能になり、職員配置の効率化が図れます。それに加えて、受刑者の自立感を養うことができるのです。

◉充実した職業訓練と改善指導

美祢社会復帰促進センターでは「再犯ゼロを目指す」ということで、職業訓練と改善指導を充実させています。

職業訓練については、社会復帰に有効なため、全受刑者に対して、社会の労働需要に合致した知識、技能を習得できるよう、多様な訓練メニューが用意されています。美祢社会

図５　刑務作業と職業訓練

◎人材の再生に向けた刑務作業
　１　職業訓練と関連性のある刑務作業～農業・IT
　２　地域との共生～竹はし製造、地元企業の参加
　３　就労支援に直結した刑務作業～大手 IT 企業プログラム制作作業

◎就労につながる職業訓練
　１　必修～「安全衛生・品質管理・環境配慮」「手話基礎」
　　　　　「ボランティア啓発」「ビジネス能力修得」
　２　指定～「IT スキル」「農園芸」「点字」
　３　選択～「販売士」「医療事務」「ホームヘルパー」「DTP」
　　　　　「プログラム・システム設計」「フード・コーディネーター」

◆職業訓練のうち、役立つと思うもの

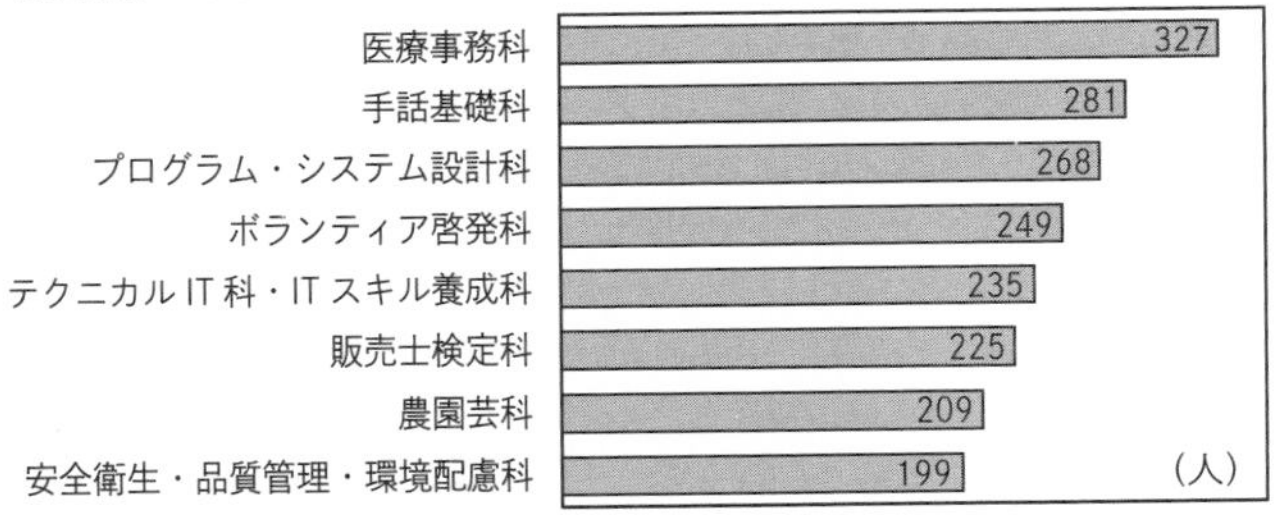

◆受けてみたい職業訓練

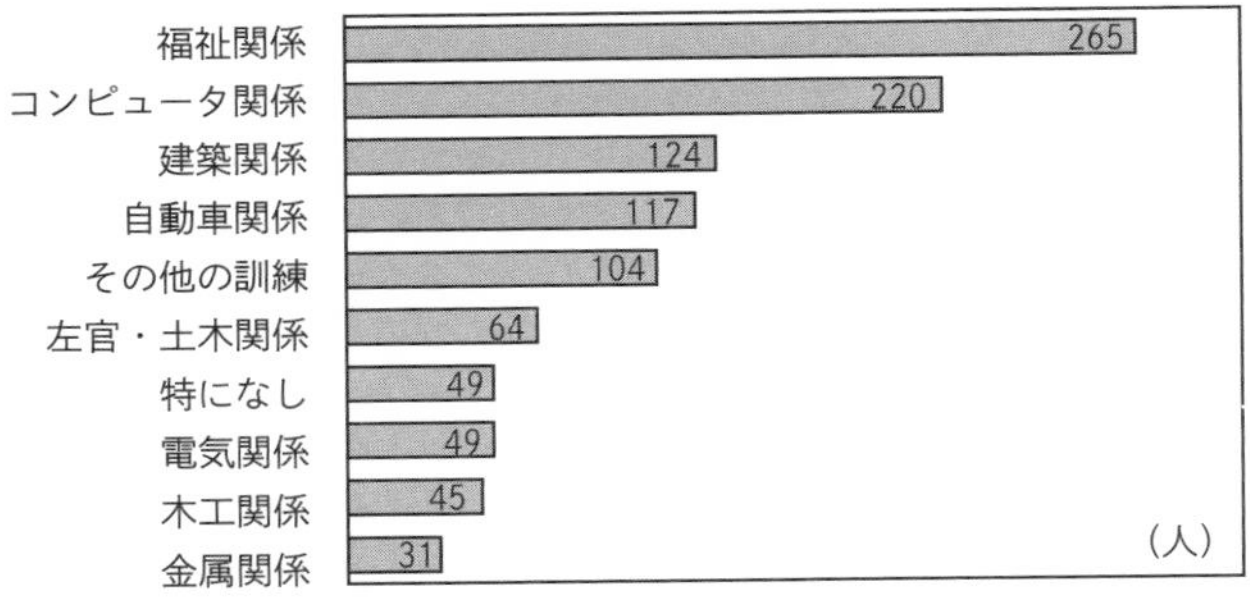

※アンケート調査は、2008（平成20）年４月に実施。

復帰促進センターの訓練科目は二つの大きな特徴があり、一つは就労につながる職業訓練の実施です。資格を取得できる「医療事務科」「販売士検定科」「介護サービス科」「ITスキル科」、そして前述した「プログラム・システム設計科」や「フード・コーディネーター養成科」があります。

もう一つの特徴は、社会貢献活動プログラムの実施です。このプログラムは贖罪の涵養という面と、受刑者が自ら貼られたマイナスのラベリングを剝がす機会を与えることです。美祢社会復帰促進センターでは前述した「手話基礎科」のほかに、「ボランティア啓発科」や「点字」(＊21) も実施しています。地元のボランティア活動を行っている団体に協力をいただきながら、民間事業者の一般向け講座授業をもとに進められています(図5)。

刑務所ＰＦＩ事業を行うにあたり、民間事業者の業務範囲を決定する上で、期待する反面、一番心配していたのが教育関係です。一般改善指導(＊22)で、美祢社会復帰促進センター独

＊21　点字とは指先の触覚により読み取る視覚障碍者用の文字で、これを学習し、点字図書を製作し、点字図書館等に寄贈している。

＊22　矯正処遇として、作業、改善指導及び教科指導を行っているが、改善指導は全受刑者を対象とする一般改善指導と個々の問題性や犯罪の特性に応じた特別改善指導がある。

自の教育としては、「反犯罪性思考プログラム」「フィジカルエクササイズ」「日記指導」等があります。

「反犯罪性思考プログラム」は、各個人の犯罪に対する肯定的な考え方と実際に罪を犯すこととの関係について学ばせます。これは自分自身に対する理解を高め、行動の変容を促すことをねらいとした認知行動療法（＊23）に基づくプログラムです。当初、少人数（一〇～一五人）によるグループワーク形式で、一クール三か月で行っていたことから、全受刑者の七・七％しか受講できませんでした。そのため、ワークブック（＊24）を作成し、二か月を一単位として、二か月ごとに新たな単元に進む方式を取り入れました。全受刑者が在所期間を通じて取り組めるよう、改良したのです。

「フィジカルエクササイズ」は、身体の緊張緩和感を学ばせ、自己をコントロールする力を養います。健康的な生活を送る気持ちを高めさせることを目的として実施。規律正しい生活習慣や心身の健康増進等に役立つと思われます。

「日記指導」は、少年院では実施していますが、刑務所では実施されていないので、成人受刑者に有効な処遇であるかどうかは疑問でした。しかし、受刑者アンケートの結果では「教育指導のうち、役立つと思うもの」の問いの上位にランクされました。受刑者に聞くと、一日の出来事や今考えていることを整理できて良いという回答でした（図6）。

「ＰＦＩ刑務所では、改善指導を民間事業者に任せており、刑務官はただの牢番になっている」という批判が他の刑務所からありました。刑務官は保安を担当するとともに、処遇官としての役割を持っており、「保安と処遇の一体化」という原則の下に業務を行ってきました。

これが新法（刑事収容施設及び被収容者等の処遇に関する法律）施行により、改善指導が義務付けられ、これまで以上にＰＦＩ刑務所では積極的に分類・教育・処遇の専門家を養成しています。外部専門家の関与を図り、わが国刑務所の実態に即した処遇技法を開発すべく取り組んでいます。

これをもって、刑務官が処遇官としての役割を捨てたわけではありません。処遇とは日常生活の中にあります。受刑者と最も多く関わるのは刑務官であり、その関わり方が受刑者の改善更生に大きな影響を与えると思います。

どんなに優れた改善指導プログラムでも、本人に改善更生の意欲がなければ効果は上がりません。刑務官は、日々の訓示、担当面接、日記指導及び個別処遇を行うことにより、各種の改

＊23 「現実の受け取り方」や「ものの見方」を認知というが、認知に働きかけ、こころのストレスを軽くしていく治療法をいう。

＊24 小学館集英社プロダクションが独自に開発した「こころのトレーニング」を使用した。

図6　一般改善指導と特別改善指導

◎一般改善指導～行動適正化指導

1　反犯罪性思考プログラムの実施

・認知行動療法に基づくプログラム

・犯罪につながる思考・感情・行動のパターンを理解

・薬物事犯者を除く全受刑者が受講

2　日記指導・課題作文・視聴覚教育・フィジカルエクササイズ等

◎特別改善指導～犯罪類型に対応した指導

1　薬物依存離脱指導（R1）

2　被害者の視点を取り入れた教育（R4）

3　交通安全指導（R5）

◆教育指導のうち、役立つと思うもの

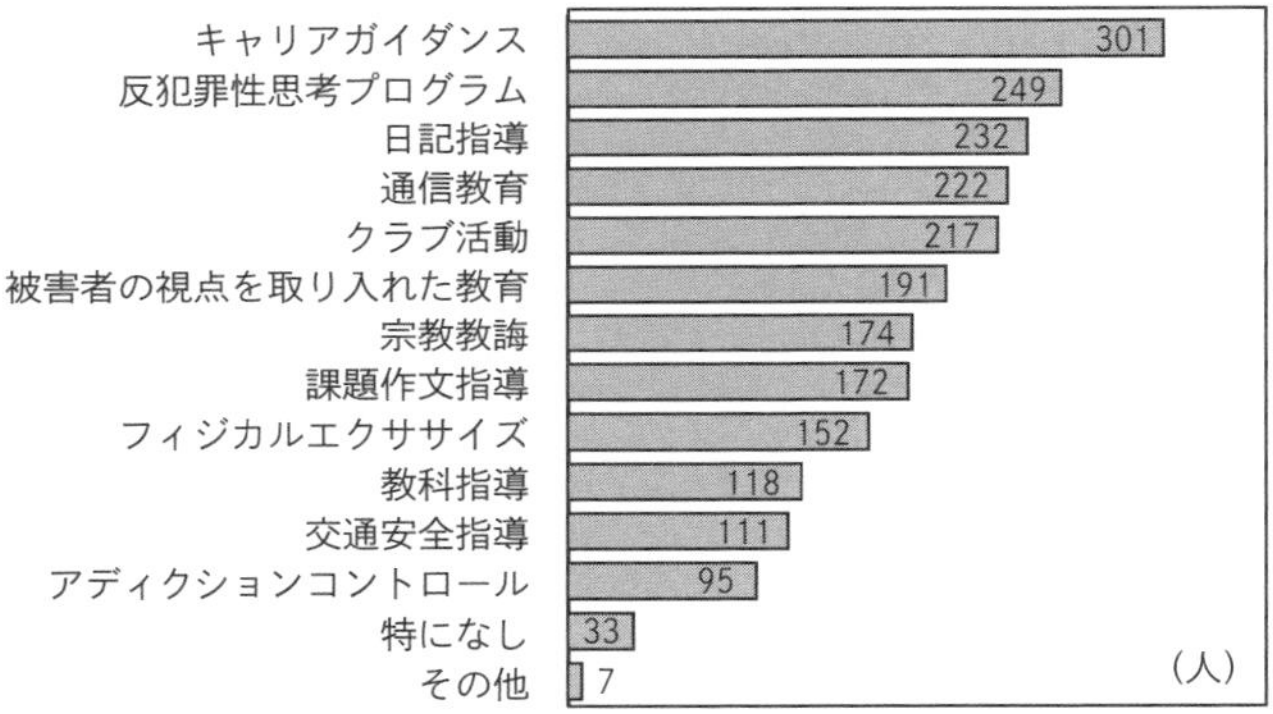

◆受けてみたい教育指導

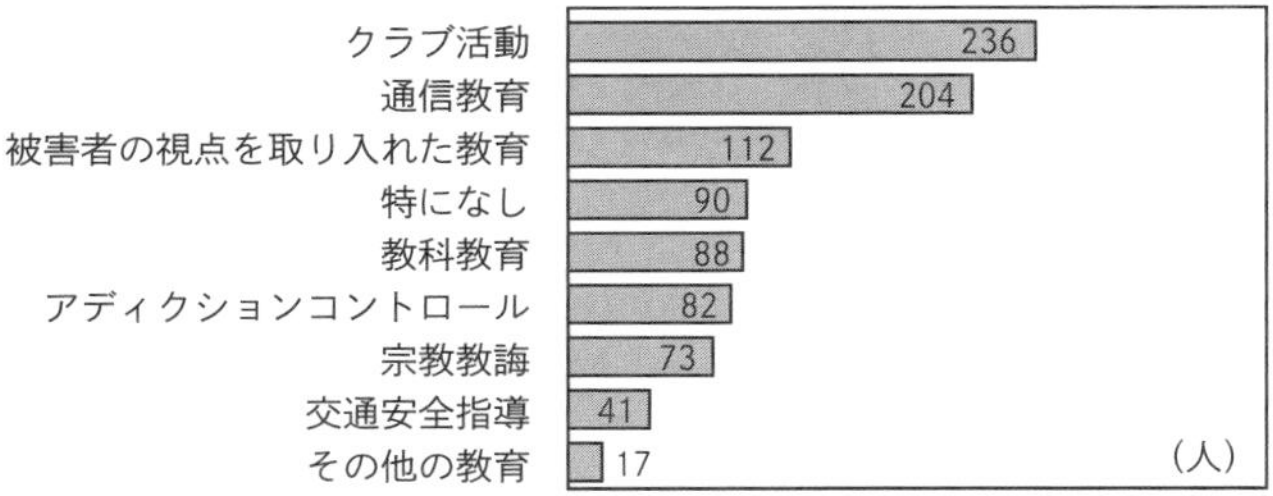

※アンケート調査は、2008（平成20）年４月に実施。

善指導をより効果的なものにし、そのための土台作りの役割を果たしています（図7）。

◉官民協働運営の問題点とその克服

また、刑務所ＰＦＩ事業では、官と民という異なった職場文化を持った組織が、施設の運営を行うことになります。国の職員は法令に基づいた先例主義の重厚な業務処理を信条とする一方、民間の職員は経済効果及びコスト意識が業務処理の根底となっています。そこで、官民協働で運営すると、さまざまな問題が発生することになるのです。

一点目は、刑務所ＰＦＩ事業は労働者派遣事業ではなく、業務委託（請負）による事業のため、二つの指揮命令系統の組織が存在することになります。

刑務所は少ない職員で多数の受刑者を管理することから、報告及び指揮命令を明確にしています。また、事案に対して迅速に対応できるよう、階級制の組織となっており、これにより組織全体が一糸乱れぬ体系を取っています。民間事業者の方は各業務責任者が常駐していますが、国の職員が民間の職員に直接指示を出せないので、各業務責任者を通じて指示を出すことになります（図8）。

二つ目は、民間の業務がそれだけでは完結しないことです。刑務所ＰＦＩ事業では、非権力的業務のほか、権力性の弱い業務、施設の警備、収容監視、所持品や居室の検査、職業訓練の

図7　改善指導における役割分担

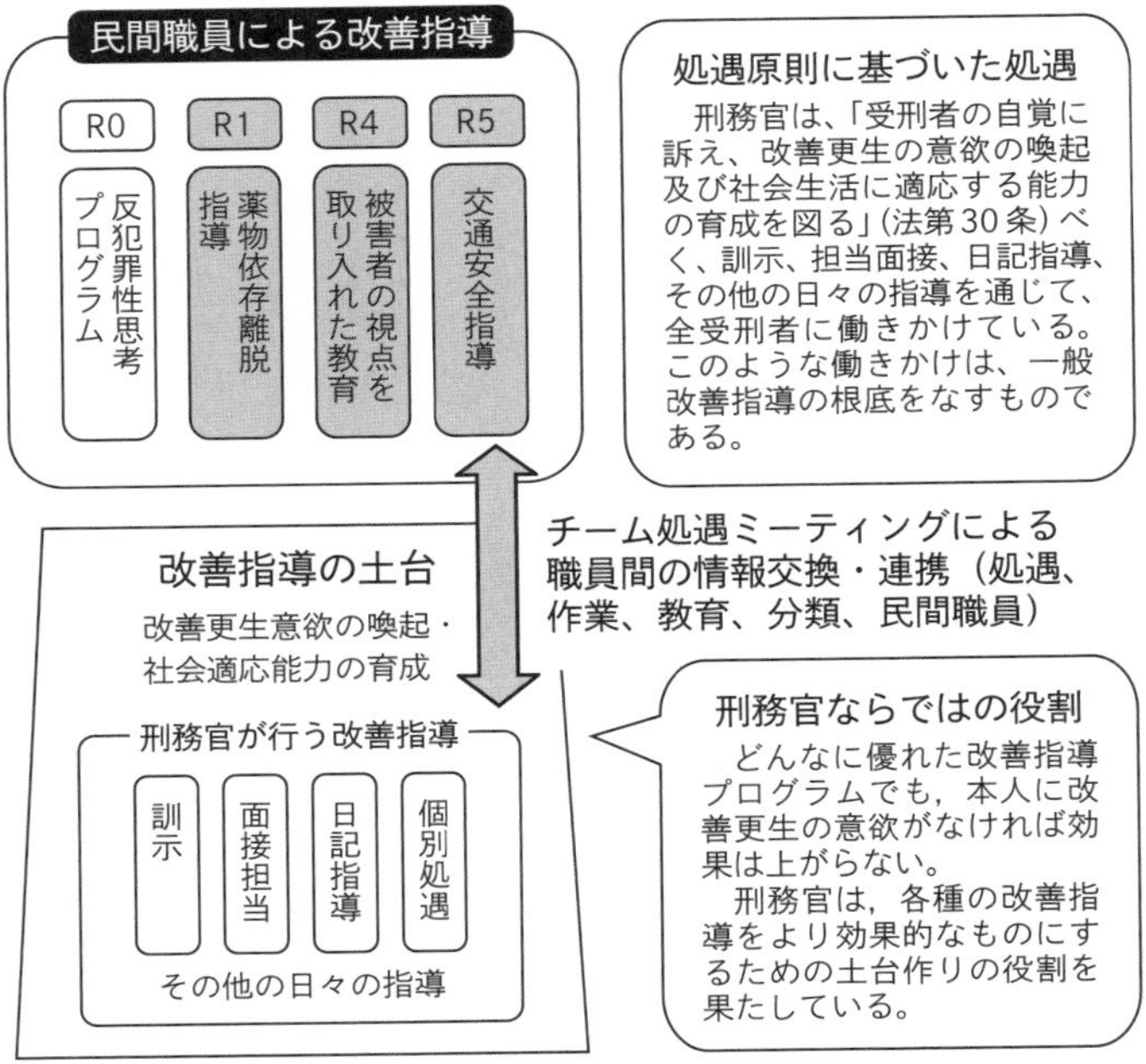
民間職員による改善指導
R0
反犯罪性思考プログラム
R1
薬物依存離脱指導
R4
被害者の視点を取り入れた教育
R5
交通安全指導
処遇原則に基づいた処遇
刑務官は、「受刑者の自覚に訴え、改善更生の意欲の喚起及び社会生活に適応する能力の育成を図る」（法第30条）べく、訓示、担当面接、日記指導、その他の日々の指導を通じて、全受刑者に働きかけている。このような働きかけは、一般改善指導の根底をなすものである。
チーム処遇ミーティングによる職員間の情報交換・連携（処遇、作業、教育、分類、民間職員）
改善指導の土台
改善更生意欲の喚起・社会適応能力の育成
刑務官が行う改善指導
訓示
面接担当
日記指導
個別処遇
その他の日々の指導
刑務官ならではの役割
どんなに優れた改善指導プログラムでも，本人に改善更生の意欲がなければ効果は上がらない。
刑務官は，各種の改善指導をより効果的なものにするための土台作りの役割を果たしている。

図8　官民の組織体系

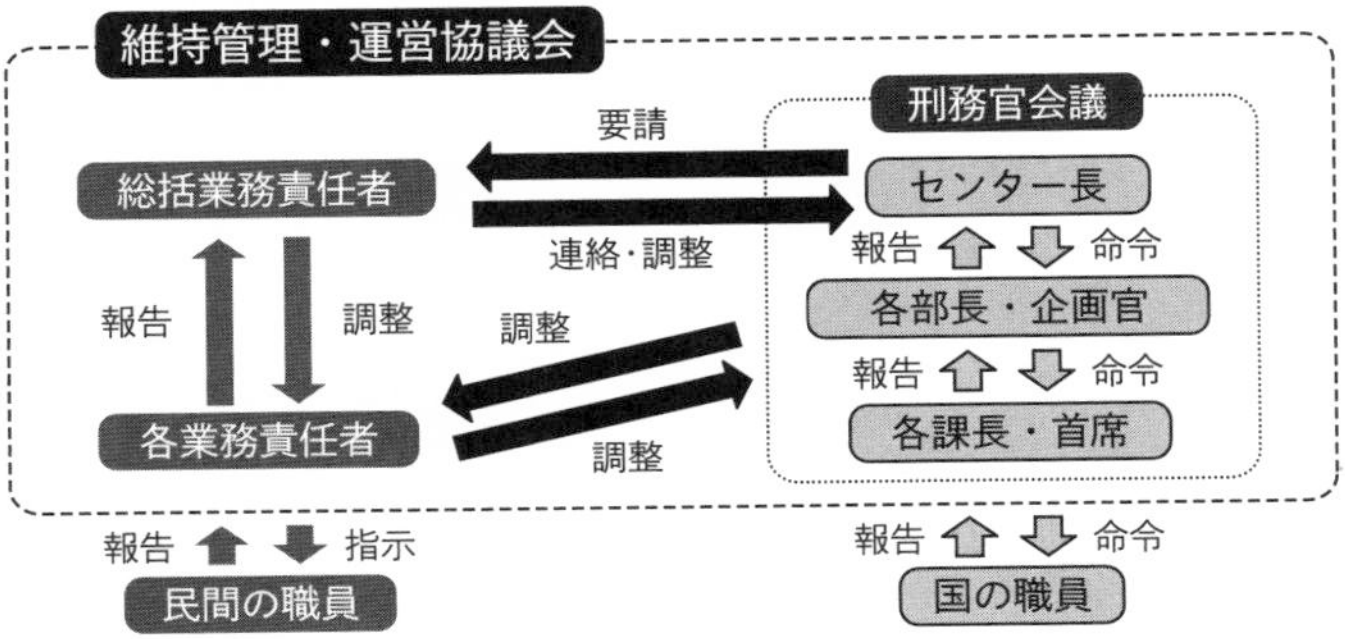
維持管理・運営協議会
刑務官会議
要請
総括業務責任者
センター長
連絡・調整
報告
命令
各部長・企画官
報告
調整
調整
報告
命令
各業務責任者
各課長・首席
調整
報告
指示
報告
命令
民間の職員
国の職員

実施、健康診断の実施、領置物の保管など、処分等にあたる事務の準備行為、またはその執行として行われる事実行為について、法律による留保、法律によるコントロールがあれば、民間事業者に委託することが可能であると考え、構造改革特別区域法（＊25）で規定した上で、民間委託しています（図9）。

個々の業務自体は業務範囲が明確に定められており、民間委託業務として完結しています。しかし、刑務所の業務全体を通して見ると、受刑者の入所から出所までの間に民間委託業務と国の職員が実施する業務が複雑に入り組んでいます。

例えば、受刑者の規律違反行為の取り締まりでは、受刑者の収容を監視している民間職員が不正洗髪や大声を出すなどの反則行為を発見し、国の職員に通報。国の職員が受刑者を調査し、反則行為を特定することになります。連続する時間の中で、民間職員が一つのパートを担うことになります。したがって、国の職員と民間職員の連携が重要であり、それがスムーズに実施されなければ、業務が遂行されないことになります。

＊25　構造改革特別区域とは、従来法規制等の関係で事業化が不可能な事業を、特別に行うことが可能となる地域をいう（構造改革特別区域法第二条で規定）。したがって、民間委託の範囲はこの法律で規定される地域のみで実施できる。

図 9　刑事施設における事務の委託

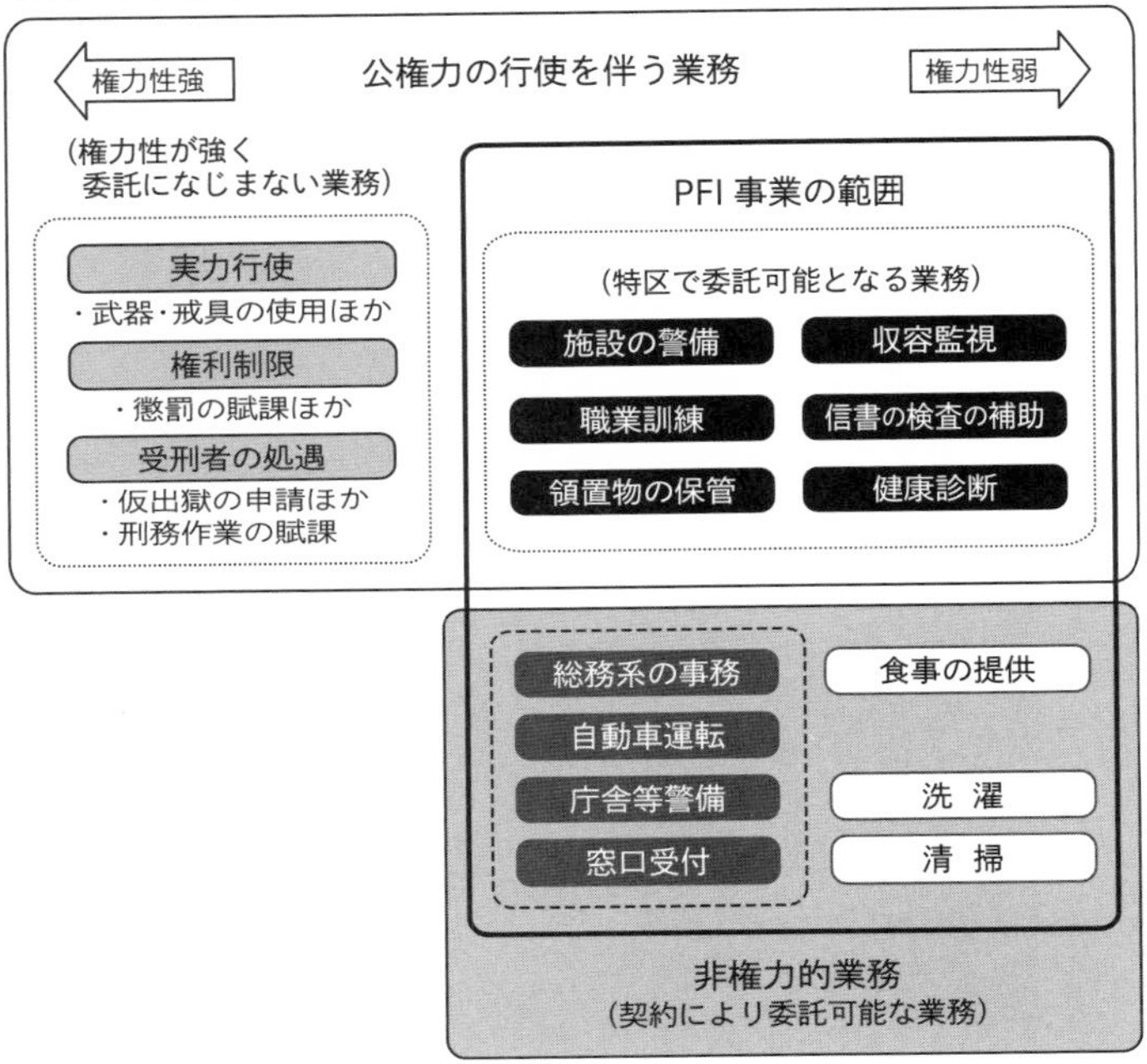

三つ目は、国の職員の離職はほとんどありませんが、民間職員の離職率が高いことです。刑務所ＰＦＩ事業の先進国と言われるイギリスやアメリカの失敗した事例を見ると、民間職員の離職率が高く、経験不足の若い新採用職員が多くなるため、適正な水準の刑務所管理が行われておらず、保安状況等に問題が発生していることです（＊26）。

美祢社会復帰促進センターも開設当時は離職率が高く（＊27）、勤務体制の見直しや報酬面の改善で民間職員の退職を抑えることができました。民間職員の離職率は非常に重要な問題なので、モニタリングをしっかり行い、新採用職員の研修も計画的に行う必要があります。

四つ目は、運営上の要望事項への対応が遅い、あるいは実現されないことです。何か新たなことが起きると、ＳＰＣ（特別目的会社）（＊28）側は、「要望事項が契約の範囲内か、受託企業はどこかなどの調整が必要で時間がかかる」ということです。事務官庁であれば多少の時間的余裕はありますが、身柄を収容している刑事施設では考えている間に事案が進んでいる場合があり、迅速な対応が必要になります。

このような問題点は、開設から一〇年を経過した現在もなくなることはないでしょう。

＊26　二〇〇二年五月、イギリスのAshfield刑務所で、保安状況等の問題が発生し、民営会社の所長（Director）を更迭して、公務員の所長（Governor）を派遣し、一時、刑務所を管理した。また、イギリスのBlakenharst刑務所とBuckley Hall刑務所では、二〇〇一年の契約更新の際に、民営から国営に移行した。

＊27　常勤職員である警備業務は、二〇〇七（平成一九）年四月一日現在五九人の従事者のうち、同年八月末までに八人が退職した。離職率は一三・六％であった。

＊28　ＰＦＩ事業の基本的流れは、入札参加を希望する企業間でコンソーシアムを組成し、落札後、速やかにＳＰＣを設立する。国はこのＳＰＣと事業契約を締結し、ＳＰＣは担当する企業と建設契約、運営委託契約を締結し、再委託する。

民間委託を導入するのに一番大切なことは、官と民がお互いに尊重し、対等なパートナー関係でなくてはならないと思います。また、民間のノウハウがあるように、矯正にも歴史と先例に基づいた独自のノウハウがあります。それを民間事業者に理解してもらわなければ、円滑な業務遂行はあり得ません。そして、矯正も民間のノウハウ、アイデアを取り入れ、積極的に民間の専門家に協力を求めることを推進していくべきだと思います。PFI刑務所は時代の先端を行くだけでなく、本来、刑務官が持つべき伝統的な「魂（「仁愛」「人権尊重」「更生復帰」等）」といったものを大事にする施設であってほしいと思います。新しい処遇、技法、設備にしても、すべて人が動かしていることを忘れてはならないのですから……。

3　島根あさひ社会復帰促進センターでの取組み

◉センターの教育的取組みの流れ

島根あさひ社会復帰促進センターの教育的取組みの流れについては、入所から出所までの間をⅠ期からⅤ期に分けて実施しています。

Ⅰ期教育では刑執行時の標準カリキュラムに、回復共同体の意義を学ぶこと（①共に暮らす生活の中で、自分自身と集団の課題解決に二四時間取り組むこと、②自分を含むグループで感情の認識・行動の理解や統制、対人関係の調整力を伸ばすこと、③集団の中でさまざまな役割と責任を果たし、人とのつながりの中で生きる個人としての振る舞い方を身に付けていくこと等）や、グループワークを体験するといった項目を加えて実施しています。

Ⅱ期教育では被害者理解プログラムを受講することになります。このプログラムは認知行動療法の手法をもとに、自分の思考・感情のパターンを分析し、自己の犯罪行為を被害者の立場で見つめ直します。修復的司法（＊29）の考え方に基づく三つの責任――被害者への説明責任、再犯防止責任、贖罪・償いの責任について考える内容で構成されています。ここまでは、全ての訓練生（島根あさひ社会復帰促進センターでは受刑者のことを「訓練生」と呼んでいます）が受講します。

Ⅲ期教育では個々の問題性や犯罪性に応じた改善指導を実施。

Ⅳ期教育ではⅢ期教育修了者の中から希望に応じて、ダルク（＊30）、断酒会（＊31）といっ

＊29　犯罪によって引き起こされた被害に関して、関係当事者（加害者、被害者、コミュニティー）の話し合いにより、被害者・加害者間の関係修復を図り、加害者の反省を促して更生を助長する考え方。

＊30　ダルク（ＤＡＲＣ）とは、ドラック（薬物：Drug）のＤ、アディクション（病的依存：Addiction）のＡ、リハビリテーション（回復：Rehabilitation）のＲ、センター（施設：Center）のＣを組み合わせた造語。覚せい剤、有機溶剤、その他の薬物から解放させるためのプログラムを持つ民間の薬物依存症リハビリ施設である。

た団体の協力を得て、薬物、酒害に係る自助グループ活動などを行っています。

Ｖ期教育は釈放前の指導となり、仮釈放は二週間、満期釈放は三日間の指導を行っています。

島根あさひ社会復帰促進センターの教育的取組みの特色は、多様な問題行動に対応したプログラムが用意されていることです（一般改善指導として、前述した被害者理解プログラムのほか、飲酒プログラム、性暴力プログラム、暴力プログラム、ホースプログラム、盲導犬パピー育成プログラム等一五種目。特別改善指導として、薬物依存離脱指導、被害者の視点を取り入れた教育、交通安全指導、就労支援指導、性犯罪再犯防止指導の五種目）。また、ほとんどの者が改善指導プログラムを受講しており、全体の六〇％の者が複数の種目を受講しています。そして、後述しますが、動物介在活動を導入していることも特色の一つです。

●回復共同体プログラムの事例

さて、ここから回復共同体プログラムについて説明します。私は専門家ではないので、学術的なことは説明できませんが、毎日の巡回で見たことを中心にお伝えしていきます。このプログラムは「治療共同体」（以下、ＴＣ［Therapeutic Community］）の考え方を柱に実施しています。私がこのＴＣを知ったのは、二〇〇四（平成一六）年に映画監督の坂上香さんが制作したドキュメンタリー映画『ライファーズ』（＊32）を見た時でした。その後、矯正施設でも上映会が開催されています。私がセンター長の時に日本版〝ライファーズ〟を作ろうと撮影が始まり、取材許可六年、撮影二年、編集二年あまりと一〇年かけて『プリズン・サークル』（＊33）が完成しました。

TCは、一九四〇年代のイギリスと一九六〇年代のアメリカの二つの動きが源流となっています。イギリスでは精神医療改革の流れを強く受け、刑務所内TCは医療刑務所で多く実践さ

＊31　一九五八（昭和三三）年に誕生した酒害者（お酒に悩む人たち）による、酒害者のための自助組織。会員は一万人で、同じ悩みを持つ人たちがお互いに理解し合い、支え合うことによって問題を解決していく組織である。

＊32　受刑者が三〇〇万人を超えるアメリカには、一三万人あまりのライファーズ（Lifers：終身刑、もしくは無期懲役受刑者）がいる。彼らは殺人や強盗などの深刻な罪を犯し、「更生不可能」というレッテルを貼られた人々で、社会から忘れられた存在である。犯罪者の更生プログラム「AMITY（アミティ）」に参加しているライファーズの活動を追い、彼らが犯罪に手を染めた理由を考え、罪の償いや新たな人生の道を探し求める姿を捉えたドキュメンタリー映画である。

＊33　日本国内の刑務所に初めてカメラを入れて完成したドキュメンタリー映画。受刑者たちは回復共同体というプログラムを通じて、窃盗や詐欺、強盗傷人、傷害致死など自分が犯した罪はもちろんのこと、貧困、いじめ、虐待、差別といった幼い頃に経験した苦い記憶とも向き合わなければならない。カメラは服役中の四人の若者を追い、彼らが回復共同体を通して、新たな価値観や生き方を身につけていく姿が描かれている。

れています。それに対して、アメリカのＴＣはＡＡ（＊34）など、当事者の回復運動の流れを強く受け、刑務所内外で薬物関連犯罪者の回復の手法として発展し、再犯防止効果が実証されています。島根あさひ社会復帰促進センターのＴＣは刑務所内ＴＣのノウハウがあり、体系だったテキストのあるアメリカのＴＣ「アミティ（＊35）」の手法を取り入れています。ただし、日本では薬物関連犯罪者だけでなく、罪名に関係なく希望する訓練生に実施し、全人的成長を目指すものとしています。

プログラムの内容ですが、半開放形態の五八人定員のフロアー一つを「ＴＣユニット」とし、受講者だけで二四時間生活を共にしています。受講期間は最低六か月で一年半まで延長可能としています。

受講者は二グループに分かれ、水曜から金曜の午前・午後、どこかで約二時間半、プログラムを受講します。一つのグループは主として受講開始から六か月までの受講者を集め、職員主導で実施しますが、もう一つのグループは訓練生主導でより深い内容の授業を実施しています。プログラム以外にも、月四回の矯正指導日（毎週月曜日）には全員で受講する九〇分のユニットミーティング、火曜日～金曜日の夕方三〇分で行う全員でのユニットミーティングを合わせると、週の約一一時間が改善指導の時間になります。非常に多くの時間を割いて改善指導を行っていることがわかります。

プログラムは三か月を一単位として、同じ内容を繰り返し学ぶこととし、教材は治療共同体「アミティ」のテキストを日本語に訳し、日本人用に改良したテキスト二冊と、CBT&RJ(＊36)のテキスト一冊を使用します。スタッフは臨床心理士二人と、心理系職員二人の計四人です。

開設前の民間事業者との打ち合わせでは、全訓練生にこのプログラムを実施することが提案されました。私ども国側としては、初めての日本でのプログラム実施であり、慎重を期して一フロアーのみとしました。実際に実施してみると、職員の指導が大きなカギであり、このプログラムを熟知した指導者でなければ、有効で効果的なプログラムを実施できないと感じました。現に、私がセンター長の時に、もう一フロア拡充しようと思いましたが、スタッフの配置ができず、行うことができませんでした。

＊34 アルコールを飲まない生き方を手にし、それを続けていくために自由意志で参加している世界的団体。
＊35 アミティは、米国・アリゾナ州を拠点とする犯罪者やあらゆる依存症者の社会復帰を支援する非営利団体。治療共同体（TC）をベースとした心理療法的アプローチで、今までの生き方を見直し、新しい価値観を育み、そして人生に向かい合うために、さまざまなプログラムやワークショップを行っている。
＊36 認知行動療法（Cognitive Behavioral Therapy）と修復的司法（Restorative Justice）の教材。

◉TC（プログラム）の効果

では、なぜこのプログラムが再犯防止を図る点で有効なのでしょうか。

重要なことはグループの前で正直に語ること、被害体験と加害体験を整理し、自分の感情を言葉にして表現すること。そして、適切な形で解消し、自他を傷つけない生き方ができるようになることです。一般刑務所では、特に性犯罪者は自分の犯罪行為を人前で話すことはしません。性犯罪者と知られることを嫌いますが、ここでは自分の犯罪をグループの前で正直に語り、仲間から厳しいことを言われながらも、ばかにされることなく、みんなで再犯防止のための知恵を絞る光景が見られます。被虐待体験や誰にも言えなかった傷つき体験を涙ながらに語り、支え合う光景も珍しくありません。

「はじめに」にも書きましたが、「センター長、僕再犯してません」と話してくれたK君に聞いたところ、「TCの中で最初の頃は嘘をついたりしていました。そして、嘘をついていることを否認していましたが、嘘をついていることを認めさせてくれたのもTCの仲間でした。そういった出会いがあったからこそ、今の僕があると思います」と語ってくれました。このプログラムで大切なことは、グループが健全でなくてはならないことです。受刑者同士が肯定的なコミュニケーションを促進する場でなければなりません。

治療共同体に関する海外の研究では、施設を出た後も社会内の治療共同体プログラムを実施することで、再犯が低下することが実証されています。これは、出所者が社会で生きていく上で、誰かとのつながりを維持し、それを支えとしながら、自分の力で自分の人生と人間関係を修復・再生すること、また「生きた人間関係」が必要であることを意味しています。いつか日本でも、社会内で治療共同体プログラムが実施されることを望んでいます（図10）。

◉盲導犬パピー育成プログラムの事例

動物と受刑者との交流

刑事施設と動物との関わりは古くから行なわれています。北海道の農場には、野良犬がいつの間にか住み着き、「法務事務犬」（＊37）のように敷地に侵入した不審者に対して素早く対応し、吠えて追い返します。農場では刑務作業として、豚や牛等が飼育され、その面倒は受刑者が実施しています。その時「警備犬」としてシェパードを飼育したこともあります。古い話では死刑確定者にインコを飼育させたこともあると聞いたことがあります。『破獄』で有名な脱獄王・白鳥由栄は昼夜間単独室で厳重に警備されていましたが、窓際にご飯粒を置き、スズメが寄っ

＊37　刑務官の官名は法務事務官であるが、農場の犬は刑務官と同じ働きをするという意味で「法務事務犬」と呼んだ。

図10　回復共同体プログラムの事例

教育を支える3つのキーワード

回復共同体

◆ユニット内に健全な文化・価値観を有する生活集団を形成し、人間性を総合的に学習する場とする。

修復的司法

◆各種改善指導プログラムを通して、被害者への説明責任、再犯防止責任、謝罪・償いの責任について考えさせる。

認知行動療法

◆各種改善指導プログラムを通して、思考・感情を変化させ、犯罪サイクルから脱却させる。

矯正指導の流れ

Ⅰ期

一般的な刑執行開始時の指導
＋回復共同体の意義等（3週間）

Ⅱ期

【一般改善指導】
被害者理解プログラム
回復共同体プログラム

Ⅲ期

【一般改善指導】
飲酒プログラム、性暴力プログラム、暴力プログラム，ホースプログラム、盲導犬パピー育成プログラム、SST プログラム、ペアレンティング
【特別改善指導】
薬物依存離脱指導、被害者の視点を取り入れた教育、交通安全指導、就労支援指導、性犯罪再犯防止指導（メンテナンス）
【教科指導】
補習教科指導（国語，算数）

Ⅳ期

【一般改善指導】
薬物・飲酒自助グループ等

Ⅴ期

釈放前の指導　仮釈放（2週間）
⬇　満期釈放（3日）
奉仕活動　放置自転車再生活動

教育的取組みの特色

◆多様な問題行動に対応した一般改善指導種目の整備(15種類)
◆改善指導プログラムの高い受講率
◆動物介在療法の導入
◆処遇効果検証の実施

余暇活動：
文通プログラム

てくるのを楽しんでいたということです。

しかし、現在は刑務所内で受刑者が勝手に動物を飼うことはできません。刑務所では集団で受刑者が生活しているので、鳥の糞で窓や壁が汚れ、そこから細菌などが繁殖し、受刑者の健康に害を及ぼす危険性があるため、認められていません。また、昨今では鳥インフルエンザが問題となっていますが、集団感染になると防疫や治療が困難になるため、小動物であっても勝手に飼育する行為を認めるわけにはいかないのです。脱獄王・白鳥由栄のその後ですが、当時の所長が「彼には人間の心がある」と言って昼夜間単独室から出し、他の受刑者と一緒に働かせました。彼は模範囚として残りの刑を務め、無事に府中刑務所を出所したとのことです。

また、教育プログラムの一環としては、生命尊重教育として少年院でグッピーを飼育したり、医療少年院や女子少年院で犬を飼育したりしました。しかし、トレーナーが不在であったり、マニュアルが整備されていなかったりで、教育プログラムとしては未熟でした。

本格的な動物介在活動のはじまり

本格的な動物介在活動を実施したのは、島根あさひ社会復帰促進センターでの盲導犬パピー育成プログラムになります。日本で最初の取組みでしたが、アメリカでは一九七〇年代から刑務所などで受刑者への矯正プログラムとして動物介在療法が実施されていました。その一つとして、重犯罪女性刑務所で受刑者が犬の世話、トリミング、獣医師の助手などを通して、動物収容施設の犬を訓練し、一般の家庭犬として復帰させる取組みを行っています。私はＰＦＩ事業が行われる前に一度海外視察に行きましたが、動物介在療法で受刑者が笑顔でイキイキと生活していました。受刑者が自尊心を向上させ、社会貢献できたという満足感を得るとともに、飼い主に捨てられ、施設に収容された犬は、新たな飼い主に出会う機会を得ていました。

ちょうどその頃（二〇〇六〔平成一八〕年一二月）、ＴＢＳ系列で「君が光をくれた」という単発のスペシャルドラマが放映されました。児童自立支援施設での物語です。ある日、両親の離婚が原因でリストカットを繰り返す少女・深雪が施設にやってきました。他人を信じられなくなった少女は、誰にも心の傷を打ち明けられずに生活をしていました。

同じ頃、一匹の柴犬が保健所で処分されようとしていました。施設の管理人である光代は、その柴犬を施設で飼うことを決め、その世話係に深雪を任命しました。他人を信じられなくなった少女が、同じく人間を信じられなくなった柴犬・ラブを飼うことによって、少しずつ変わっていく微妙な心中を描いたものでした。実際にアメリカで行われている捨て犬と非行少年の交流による更生プログラム「プロジェクト・プーチ」にヒントを得て、心に傷を負った少女とトラウマを抱えた犬との心温まる交流です。私はこの作品を見て、すぐに「これだ！」、きっと非行少年や受刑者の教育に有効だと思いました。

後に、二〇一四（平成二六）年、八街《やちまた》少年院でＧＭａＣという動物介在活動プログラムが始まりました。一〇年前に島根あさひ社会復帰促進センターで盲導犬パピー育成プログラムを実施した時、日本盲導犬協会専務理事（当時）の寺山智雄《てらやまとしお》さんに話したことがあります。寺山さんはそのことを覚えてくれていて、日本盲導犬協会を辞められる時に、ＧＭａＣプログラムを立ち上げていたのです。

ＧＭａＣは「Give Me a Chance」の頭文字をとった造語であり、「僕にチャンスを！」という意味です。「治療的教育」と「社会貢献活動」の二つの意義を持った教育プログラムで、私は一度視察に行きました。盲導犬育成プログラムと比較すると、犬に教えるコマンドはほぼ同じですが、訓練で餌を使うＧＭａＣに対して、盲導犬育成では誉めることだけでした。また、訓練期間がＧＭａＣは二か月であるのに対して、盲導犬育成では一〇か月でした。

短い時間での視察だったので、少年の心の中までは知ることができませんでしたが、少年の表情は穏やかで、非常に変化のあるものでした。人を信じることができなくなっている捨て犬と同じ待遇の非行少年が心を通わせ、ともに立ち直っていくことが想像できました。

訓練を見ていると、トレーナーの力量が重要なポイントになっており、現在のトレーナーはアメリカでも同様なことを実施していたため、自信を持って、非常にわかりやすく訓練を実施していました。今後はトレーナーの養成がカギになると思います。また、動物愛護センターや

ＮＰＯ法人などの動物保護団体が増加したことによって、保護犬の選定、引き取りや訓練を終了した犬のセカンド・オーナー探しが可能になったことが大きな変化ですが、そうした保護団体との連携が重要になります。

盲導犬育成プログラムの概要

話が逸れましたので元に戻します。

「刑務所で盲導犬候補の仔犬を育てる」という構想を知ったのは、島根あさひ社会復帰促進センター整備・運営事業の入札参加者から提出のあった事業提案書を見た時です。盲導犬パピー育成プログラムの概要を説明します。このプログラムの目的は、

①盲導犬育成への寄与――盲導犬の需要に対し、盲導犬が不足しており、パピーウォーカーの確保が困難であるため、これを刑務所が協力する。

②受刑者の改善更生――アメリカの刑務所においては、盲導犬等介助犬の育成を通して、受刑者の自己肯定感や責任感が向上し、思いやりの気持ちが育まれるなどの効果が認められている。本プログラムを実施することにより受刑者の改善更生を図る。

③地域との共生――パピーに社会性を身につけさせる上で、刑務所という環境の中だけでは限界なので、地域のボランティア（ウィークエンド・パピーウォーカー）の協力が必要

である。地域のボランティアは、盲導犬育成に加え、刑務所の教育プログラムに貢献しているという意識を持つことにより、施設と地域社会との共生が促進されるということです。

具体的には、月曜日午後から金曜日午前の間は島根あさひ社会復帰促進センターで育成し、週末は地域のウィークエンド・パピーウォーカーに預けられます。訓練生とウィークエンド・パピーウォーカーは「パピーウォーカー手帳」を介して、育成状況の情報交換を行います。なかには激励の言葉もあり、受刑者は地域社会とつながっているという意識を持つようになります。毎週月曜日は盲導犬訓練センターの訓練士による九〇分の講習やグループワークがあります。一頭のパピーに対して、概ね六人の訓練生でチームを編成し、二四時間体制で育成します。

居室内で訓練生がパピーを養育している様子（イメージ）

盲導犬はなぜ誕生しないのか

私が島根あさひ社会復帰促進センターに着任した時、盲導犬は誕生していませんでした。なぜ誕生しないのか。日本盲導犬協会の方々や民間の支援員と何度も協議しました。その結果、大きく二つの問題点があることが判明しました。

一つは、刑事施設で育成されたパピーが、適切な表現ではないかもしれませんが「二面性を持った」ことです。島根あさひ社会復帰促進センターで生後二か月から一二か月の育成を経て、盲導犬協会で指導員による本格的な訓練を一年から一年半、行いました。その間、パピーは指導員の指示に従うのですが、盲導犬として旅立つ際にユーザーの方と一緒に訓練すると、ユーザーの指示に従わないことがわかりました。

確かに、その傾向は島根あさひ社会復帰促進センターにいる間にもありました。私は毎朝、各訓練室を巡回します。訓練生が仕事中、パピーはゲージの中にいなくてはならないため、私がパピーのいる訓練室の前まで来ると、パピーは出してもらおうと吠えます。しかし、私がドアの鍵を開けて入ると、急に泣き止むのです。訓練生も緊張した姿勢になりますし、担当刑務官は何をしていてもそれを中止し、私の下に人員報告に来ます。私が訓練室内を巡回し終わるまで、パピーは息を凝らして、じっと見ています。そして、私が鍵を開け、訓練室の外に出ると、吠え始めるのです。

また、訓練生がパピーに出す指示にパピーが従わないことがあるのを考えると、刑務所という階級社会において、パピーは権力のある者の指示にだけ従うことを学習したのではないかと思います。私と訓練生、パピーとの距離を縮め、意思疎通を図ることにより、誰の指示にも従うようにしなければなりません。そこで、私はなるべくパピー及び訓練生と触れ合えるよう、毎朝の巡回のほかに、午前一一時からの運動、月曜日午後のグループミーティングにも行くことにしました。刑務所では所長が受刑者に直接話をすることはタブーで、担当刑務官は嫌うところがありますが、事情を説明し、訓練生と直接話をするようにしました。

また、訓練生にも戸惑いがありました。私が行くと、パピーが飛びついてくるので、訓練生はリードを引っ張り、パピーが私に近づかないようにしていました。しかし、それを止めさせ、パピーと一緒に遊ぶようにしました。訓練生には「自分が楽しくなければ、パピーも楽しくないんだ。一緒に楽しく遊ばなくてはならない」と教えました。

もう一つの問題は運動不足と社会化不足でした。日中、訓練生が作業していると、パピーがゲージの中にいるため、身体機能が低下し、欲求不満が生じてしまいます。また、同じ作業風景や音しか聞けないので社会化が低下するということです。その対応として、盲導犬協会指導員が、午前は島根あさひ社会復帰促進センター外に連れ出し、午後は体育館や運動場で運動を行うことにしました。

また、職員の教育も必要でした。訓練生がパピーと楽しそうに笑っていると、「犯罪者が大声を出して笑っていいのか。犯罪に対する改悛の情が不足しているのではないか」と言う職員もいたので、プログラムの趣旨を全職員が共有するよう、研修を実施しました。その成果が出たのか、私が島根あさひ社会復帰促進センターに在所していた時、訓練したパピーは六頭中三頭が盲導犬になりました。通常でも三〇〜四〇％しか盲導犬にならないことを考えると、大きな成果です。二〇一七（平成二九）年末時点で一二頭が盲導犬として活躍しています。

問題解決後の成果

それで訓練生の成果がどうかと言うと、二〇一三（平成二五）年三月末現在、出所者のうち盲導犬パピー育成プログラムを修了した者は四二人で、再入者は二人、再入率は四・八％と平均再入率一〇・六％よりかなり低い数字になっています（開設してからの四年間のデータによる）。

アニマルセラピーは犬に始まって、次は馬、最後はイルカと言われています。人間が好きで人間との良い関係を築くことのできる犬から始まって、人間より大きな動物とコミュニケーションを図ることで「力」に頼らない関係を学習する。最後は人間に近い高等動物と関係を構築することができれば、人間とのコミュニケーションが図れるわけです。島根あさひ社会復帰促進センターでは盲導犬パピー育成プログラムのほかに、ホースプログラムを実施しています。イルカについても浜田港横の「ヒラメ養殖予定地」で行う計画もありましたが、実現できませんでした。しかし、動物の持っている「力」には素晴らしいものがあります。

◉文通プログラムの事例

文通プログラムは、受刑者の改善更生を町全体で応援し、地域社会で刑務所を支えるという熱意ある旭町の人たちのアイデアで生まれた矯正処遇プログラムの一つです。

私は島根あさひ社会復帰促進センターの立上げの段階から開設に関わってきました。同センターの開設にあたり、地域の皆さんが受刑者に対して行ってほしいこととして、梨園の作業を手伝ってほしいとか、公民館の清掃を行ってほしいなど、忌憚のない意見交換を重ねました。そうした中で、皆さんからは「旭の色と音と匂いを訓練生の改善更生に活かしたい。受刑者のために、地域社会でできることはないか」という提案を受けたのです。まさに担当者冥利に尽きました。温かい人情があり、人の心を癒してくれる自然豊かな旭の地にあってこそ、日本社会が目指すべき新しい刑務所運営が実現できると確信しました。

さて文通プログラムですが、地域ボランティアの方と訓練生がペアになり、ペンネームでの文通を通して交流を行うものです。二〇〇九(平成二一)年一〇月に第一期がスタートしました。一期あたり、概ね月一回の交換書簡を計四回繰り返します。

文通プログラムの目的について、地域社会の方々には、訓練生との文通を通し、受刑者処遇への関与や協力を深めていただくことにあります。訓練生へのねらいは、地域ボランティアの方との交流を通して、他者と良好な関係を築く力を身につけさせること。お互いに理解し合える関係の中で、自己肯定感や、社会復帰に向けての自信を高めさせることにあります。

実施方法ですが、プログラムに参加する訓練生は、希望者の中から選びます。プログラムについての紹介文を常時広報誌や公民館に掲示しています。地域ボランティア、訓練生ともに、参加希望者は随時受け付けています。

地域ボランティアの方は、地元広報誌での紹介や、過去に参加された方からの紹介を通して、希望を受け付けています。地域ボランティアの方は、浜田市旭町在住の方、プログラムの趣旨をご理解いただける方などの条件があります。しかし、身内に偏ることなく、地域に広く根付くプログラムにしたいとの想いから、センター職員（国・民間）の家族は対象から除いています。最初は四人の参加者でしたが、いまではその数は二十数人に膨らんでいます。

手紙の内容は、それぞれの当事者に委ねられていますが、これまでの事例では、お互いの近況報告、季節や趣味の話題、悩み相談などが書簡で交換されています。

実施にあたっては、①お互いにペンネームを使用すること、②個人が特定される情報は記載しないこと、③相手を非難・攻撃する内容は書かないこと、④お互いの手紙を他者に見せないことなどをルールとしており、お互いの思いや考えを尊重していくことを大切にしています。したがって、手紙はどれも心のこもったものですが、ここで掲載することができず残念です。

文通プログラムの効果としては、私が在職していた第七期までのアンケート結果によると、地域ボランティア及び訓練生ともに九〇％以上の方が、プログラムに参加して「満足した」または「やや満足した」と回答しています。

地域ボランティアの方の感想をいくつかあげます。

○文通プログラムで受刑者の方々と接することができるのは、お互いを知るといった意味でとても素晴らしいと改めて思う。

○訓練生が刑務所に入るまでのいろいろな出来事や思いが伝わってくることもあった。人の辛さ、悲しみ、苦しみなどを受け止めて、思いやりを大事にしていきたいと思った。

○「罪を憎んで人を憎まず」というように、文通を通して、やさしい人柄が伝わってきた。

○不安な気持ちで参加したが、とても素直に反応してくれ、文通を通してたくさんのことを学ぶことができた。

次に、参加した訓練生の感想をあげます。

○見ず知らずの方が陰ながら社会復帰を応援してくれているという恵まれた環境に感謝して、毎日を大切に送っていこうと改めて思った。

○社会の人が犯罪者に対して思っていること、出所後、どのように社会生活を送っていけばいいのかなど、いろいろな面で相談に乗ってもらい、勉強になった。
○手書きだからこその一言ひとことの重みに助けられ、励まされた。
○受刑生活でイライラしたり、不安になったりした時に、このプログラムに参加していることで、気持ちが落ち着いた。
○地域の方の生の声が伝わり、自分がどうしなければならないか考えられ、人に対する感謝の念とか、相手を尊重する気持ちを作ることができた。

七期を終了した時点で受講した訓練生は延べ六四人ですが、そのうち三七人が出所し、他の刑務所に再入した者は一人です。再入率は二・七%と、他のプログラムと比べて断トツに少ない状況です。

その理由の分析を島根県立大学・今野和弘准教授にお願いしていましたが、「島根あさひ社会復帰促進センター開所一〇周年記念フォーラム」(平成三〇年九月一～二日開催)でその一部が紹介されました。訓練生からの四通の手紙の中で、最後の手紙に「家族への思いや感謝の気持ち」が表れていること。また「自分と社会との関係」や「社会生活」について、「これからどうしていこう」ということを表明している部分が多かったこと。「楽しい」という気持ちや文通プログラム参加者に対するお礼の気持ちも四通目に非常に多く表れていたとのことでした。まだ分析の途中であり、著作権の問題もありますので、今野准教授の発表を待ちたいと思います。

このプログラムは、訓練生が一般社会の方々の考えや気持ちに触れ、社会とのつながりを感じる中、「社会性」を養い、人間性を高めていくことのできる、非常に有効なプログラムだと思います。

◉出所者からの声

私たち矯正関係者は、再犯して再び刑務所に戻ってしまった者について、面接等により、その原因や事情を知り得る機会はあります。しかし、社会の中で生活し、活躍している成功例については、まったく情報が入りません。刑務所内の処遇が受刑者にどう思われているのか。社会での受け入れはどうなっているのか。在監中はいろいろな制約があるため、本音の話は聞けませんでした。そんな思いを抱いている中、大阪大学大学院・藤岡淳子教授から「シンポジウム」の提案をいただきました。開所以来お世話になっている旭町の皆さんに直接情報を発信したいとの想いから、出所者から直接感謝の気持ちを伝える機会を設けること。そして、地域住民の皆さんが常日頃受刑者や同センターに対して思っていたことを尋ねることで、出所者や同センターをより一層理解していただく。そんなことを目的とした「シンポジウム」を企画しました。

「あさひ感謝シンポジウム」での卒業生の発言

二〇一四（平成二六）年六月二一日、浜田市旭支所旭センターで「あさひ感謝シンポジウム」が開催され、出所者と旭町住民に加え、センター職員や学識経験者たち計一〇〇人が参加しました。

このシンポジウムは二部構成となっており、第一部では四人の卒業生が話題を提供しました。第二部では四人の卒業生が分かれ、参加者二十数人と小グループを作り、ざっくばらんに語り合う場としました。

四人の卒業生は、すべて前述した回復共同体（TC）の修了者です。その他、文通プログラムやホースプログラム及び盲導犬パピープログラムも受講しています。主な内容を掲載します。

○島根あさひに来て一般刑務所と違ったことは、自分でどう生きたいか、どういう生き方をしたいかを、刑務所の中で自分で選ぶことができたことです。いろいろなカリキュラムが用意され、自分の意志で選択させてもらった。

○こういった施設の活動や、本日のようなシンポジウムが世界に広まったら、あるいは全国に広まったら、社会が変わっていくだろうと感じています。

○受刑者一人一人は、自分は罪を犯したが、どういった状況にあるのか。自分の立ち位置が、立場が全然わからない状態なのです。

○自分が更生したいとか、成功したいと思うなら、更生している人達、成功している人達の集まりの中にいなくてはならない。回復共同体（TC）は、まず自分でどうしたいか。更生したいという人ばかりが集まる場所で、全員が考え、また全員の姿を見て自分も気づいていくところです。

○回復共同体（TC）では、どうして自分が罪を犯してしまったのか。これから自分はどうやって考え行動していけば犯罪を起こさないか。そして、犯罪だけでなく、地域住民や社会の方々に、自分が何か悪い影響を与えてしまうようなことを自分自身が起こさないためにはどうしたらいいのか。そんなことを、日々考えながら生活していました。

○文通プログラムでは、これから自分がどうやっていったらいいのかという不安や、当時、家族との不仲という問題もありましたので、家族とどういう風に接していったらいいかなどを、学ばせていただきました。

○ホースプログラムに参加して、私は他の訓練生と揉めることが多かったのですが、自然と自分の中の凶暴性とか反社会性が段々と薄れていきました。

○担当になっていただいた刑務官の方々が、非常に親切と言いますか、私を人間として見てくれた。

○出所後二か月ぐらい、やっぱり周りの目が気になったり、お金にずっと触れてなかったので、お金の使い方がわからなかったりした。

○島根あさひに来て、刑務官の方たちがすごく温かかったし、パピープログラムでウィークエンドさんと日記交換し、すごくつながっているなという気持ちを感じた。

○パピープログラムに参加し、パピーがこんな犯罪者の自分を全力で信頼してくれて、やっぱり変わらなきゃいかんと思った。

○点字プログラムを修了する時、民間の支援員が自分の手を握ってくれ、「二度と入ってきてはいけんよ」と言ってくれた。あの時の手の温かさと顔を、ずっと覚えていて忘れることはないと思う。

少しは卒業生が考えていることが伝わったでしょうか。彼らの言葉を全文掲載できれば良いのですが、守秘義務や彼らの人権を守るため、要旨だけの紹介になりました。私としては少々不満で、本当はもっと施設の処遇についての不満や社会の引受体制への要望、反発があるのではないか。それを語らずに良い子ちゃんぶっているのではないか。もっと素直な気持ちが言えるよう、このシンポジウムを続けたいと思いました。しかし、翌年は開かれませんでした。

「刑務所とその後の暮らしを考える」シンポジウムでの地域住民の声

次の機会は、二〇一七（平成二九）年七月二日、広島で行われた「刑務所とその後の暮らしを考える」シンポジウムでした。このシンポジウムがあることを知ったのは、意外な人からでした。

「はじめに」にも書きましたが、二〇一七（平成二九）年二月二八日、日本財団職親プロジェクト全国大会が大阪で開催されました。私は大阪矯正管区長として出席しましたが、島根あさひ社会復帰促進センターの卒業生が同大会に参加していました。懇親会が始まる前に、彼は私を見つけるや駆け寄って来て、「センター長、僕再犯してません」と言ったのです。その時、短い時間でしたが彼の近況を聞き、このシンポジウムがあることも聞きました。彼に自分のメールアドレスを教え、詳しい内容をメールしてくれるよう依頼したのです。彼からのメールが届くのと前後して、広島国際大学・毛利真弓准教授（当時）からパネリストとしての参加依頼がありました。

「あさひ感謝シンポジウム」の時もそうですが、島根あさひ社会復帰促進センター卒業生は刑事施設内の処遇を大変好意的に受けとめていました。しかし、同センターは矯正関係者内では皆が賛成してできたのではなく、むしろ四面楚歌の状況で作った施設です。

島根あさひ社会復帰促進センターは受刑者を改善更生させ、社会復帰させるには何が必要なのかを真剣に考え、今は無理でも、数十年後の矯正行政に資するためにと考えられたシステムであり、施設運営です。受刑者が自らを見つめ直し、変化し、責任を背負っていくことを学び、それを地域の人々が支え、社会復帰に向けての希望と意欲を持ち、周囲の人々との関係を保つためのスキルを習得すること。それが大切であり、それを身につけるためのプログラムを考えたのです。

今回のシンポジウムは卒業生だけでなく、その家族や矯正関係職員も参加するという画期的な取組みでした。特に、ご家族から「センターから帰って来て、息子が本を読むようになった」「物事を考えて行動するようになった」「すべての刑務所を島根あさひ社会復帰促進センターのようにすべきである」と高い評価をいただいたことは、大きな財産です。矯正が今後、再犯防止施策を図って行く上で貴重な意見をいただいたと思っています。

最後に、「あさひ感謝シンポジウム」に参加された地域住民の方の感想を掲載します。

「出所者と地域の方々が車座で思いを語り合うのはまさに画期的ですし、旭町でしかできない取組みだと思います。私自身、出所者の話を聞くことが初めてでした。どのような思いで所内生活を送り、出所後どのように生活してきたのか。初めて生の声を聞くことができ、非常に有意義でした。地域の人々に矯正処遇を理解していただき、今後とも積極的に地域の人々に島根あさひセンターの各種プログラムや行事に参加していただく良い機会になったのではないかと思います。

また、矯正職員についても、更生した人の話を聞くことは仕事のモチベーションをあげることにもつながります。自分のやっていることが無駄ではなく、非常に意義のあることなのだと誇りを持つことができると思います」

4 PFI刑務所の集大成・島根あさひ社会復帰促進センターの全体像

◉センター開設の目的

二〇〇八（平成二〇）年一〇月、島根あさひ社会復帰促進センターが開設し、運営が開始されました。美祢《みね》社会復帰促進センターが開設されてから一年半が経過し、その間に運営PFI事業（＊38）である喜連川《きつれがわ》社会復帰促進センター及び播磨《はりま》社会復帰促進センターが相次いで開庁しました。美祢社会復帰促進センターは矯正にとって初めてのPFI事業ということで「失敗しないPFI刑務所運営」を目指しました。喜連川社会復帰促進センター及び播磨社会復帰促進センターは元々国の職員で運営するように設計されており、刑務所PFI事業にする予定

島根あさひ社会復帰促進センター（挿画：筆者）

がありませんでした。その当時、すべての施設が過剰収容状態で、国の職員の定員事情が厳しく、国の職員の配置ができないため、民間事業者の手を借りることにしました。

島根あさひ社会復帰促進センターは、今までの刑務所ＰＦＩ事業の集大成とも言える事業で、矯正における問題点だけでなく、刑事政策上の問題点を解消するため、各種試みを実施しています。例えば、刑務所が障碍を持つ人のセーフティネット（安全網）になっている問題や、人工透析を必要とする犯罪者が多く、その刑の執行を猶予している者が多い問題。高齢社会の本格化で高齢受刑者が急増し、医療費の増大や職員の介護負担の増加、認知症などの処遇困難者が増加している問題。出所者が就職できないため、再犯に結びついている問題等。それらの解決策を模索する処遇内容が盛り込まれています。開設前、矯正の関係者さえ、その運営は難しいのではないかと危惧する者もいましたが、一〇年先、三〇年先を見越してできることはやろうということで、要求水準書（＊39）を作りました。

施設の設備・構造の特徴ですが、島根あさひ社会復帰促進センターでは収容棟の外壁を従来のＲＣ構造から、鉄骨構造にし、断熱パネル、断熱材、空気層、鉄板、強化石膏ボードの壁にしています。収容棟の熱効率を良くし、「寒い」とか「カビが生える」といった苦情が出ないための配慮です。また、これによって建設期間が大幅に短縮され、工事開始から一年で二〇〇〇人規模の刑務所が完成しています。確かに、従来のＲＣ構造と比較すると、強度が少し落ちることや「あつらえ」が悪いことは否めません。しかし、今後の刑事施設の建物のあり方に一石を投じたのではないかと思っています。

在任中に受刑者アンケート調査を実施（二〇一三〔平成二五〕年）しましたが、「出所後の生活

＊38　美祢社会復帰促進センター及び島根あさひ社会復帰促進センターのＰＦＩ事業は、建物の設計建設及びその運営を行っているが、播磨社会復帰促進センター及び喜連川社会復帰促進センターは、建物の設計建築は国が行い、その運営をＰＦＩ事業としているため、運営ＰＦＩと称している。

＊39　要求水準書は、一般的な委託業務や請負業務における仕様書に相当する文書で、ＰＦＩ事業者に対し要求する必要最小限の業務の範囲、実施条件、水準を示すものである。これにより、民間事業者の創意工夫を発揮する余地が増え、事業費の縮減や、事業のサービスの質の向上を期待することができる。

のために、刑務所にしてほしいことは?」の問いに対して、「社会復帰に必要な知識・技術の教育」(五八・七%)、「職業訓練」(五四・七%)、「就職の斡旋」(五一・八%)との回答が上位になってました。

●センターの職業訓練

島根あさひ社会復帰促進センターの職業訓練は、基礎科目と専門科目に分かれています。基礎科目は全受刑者が受講し、ビジネスマナーや一般常識を身につけさせるため、職業人としての基礎を学ぶ講座も開設しています。ビジネススキル科、ボランティア啓発科、安全衛生品質管理環境配慮科、PC基礎科の四種目となっています。専門科目は受刑者の希望に応じて受講させており、資格取得が可能なものや社会での需要が高い種目を選定しています。理容科、医療事務科、介護サービス科、調理科(パン職人)、PC上級科、CAD技術科、建設機械科、点字翻訳科、音訳科、販売サービス科、デジタルコンテンツ編集科の一一種目があります。

二〇一四年(平成二六)年一月、協働運営する民間事業者が、厚生労働省から無料職業紹介事業の許可を受けました。これでハローワークを介さずに職業を斡旋できるようになりました。ハローワークが紹介していなかった自営業者や小規模企業などの受け入れ先を探し、受刑者の技能に合う就職先を紹介します。出所後の生活の安定と再犯防止を図る目的で開設しました。受刑者のアンケート調査では「働くつもりであるが仕事が決まっていない」が五五%であり、これらの受刑者に広く働きかけています。

◉地域住民との交流

島根あさひ社会復帰促進センターの敷地には、新たな街づくり構想として、「認定こども園あさひこども園」「日本盲導犬協会訓練センター」及び「ビジターセンター（公民館のようなもの）」が設置されており、地域コミュニティ活動の中心となっています。毎年七月には「夏祭り」を開催し、地元地域から多数の来場者を得て、交流の機会となっています。その他、職員宿舎地区で始まった「ハロウィン祭」が「いまいちハッピーハロウィン」として、舞台を地元中心地に移し、多数の地域参加者が交流する地域行事として発展しています（図11）。

刑事施設エリアは三層構造の回廊で囲まれており、その中に運動場が二面整備されています。回廊には収容棟と職業訓練棟がつながっており、収容棟は四階建てで九棟あります。中央には庁舎及び管理棟を配置しています。そして、構内ハウスではトマトとバラの水耕栽培を実施し、馬場では馬二頭を飼育しており「ホースプログラム」という教育を実施しています（図12）。

地元の中心地区にある公民館では「今市地区の宝もの」と題する掲示物に「①転入された多くの若い世代の方達、②増えた子ども達、③経験豊かな地元高齢者、④温かい地元の方々と気さくな地元商店」と記載されています。島根あさひ社会復帰促進センターの職員が地域に溶

図11　地域交流エリア俯瞰図

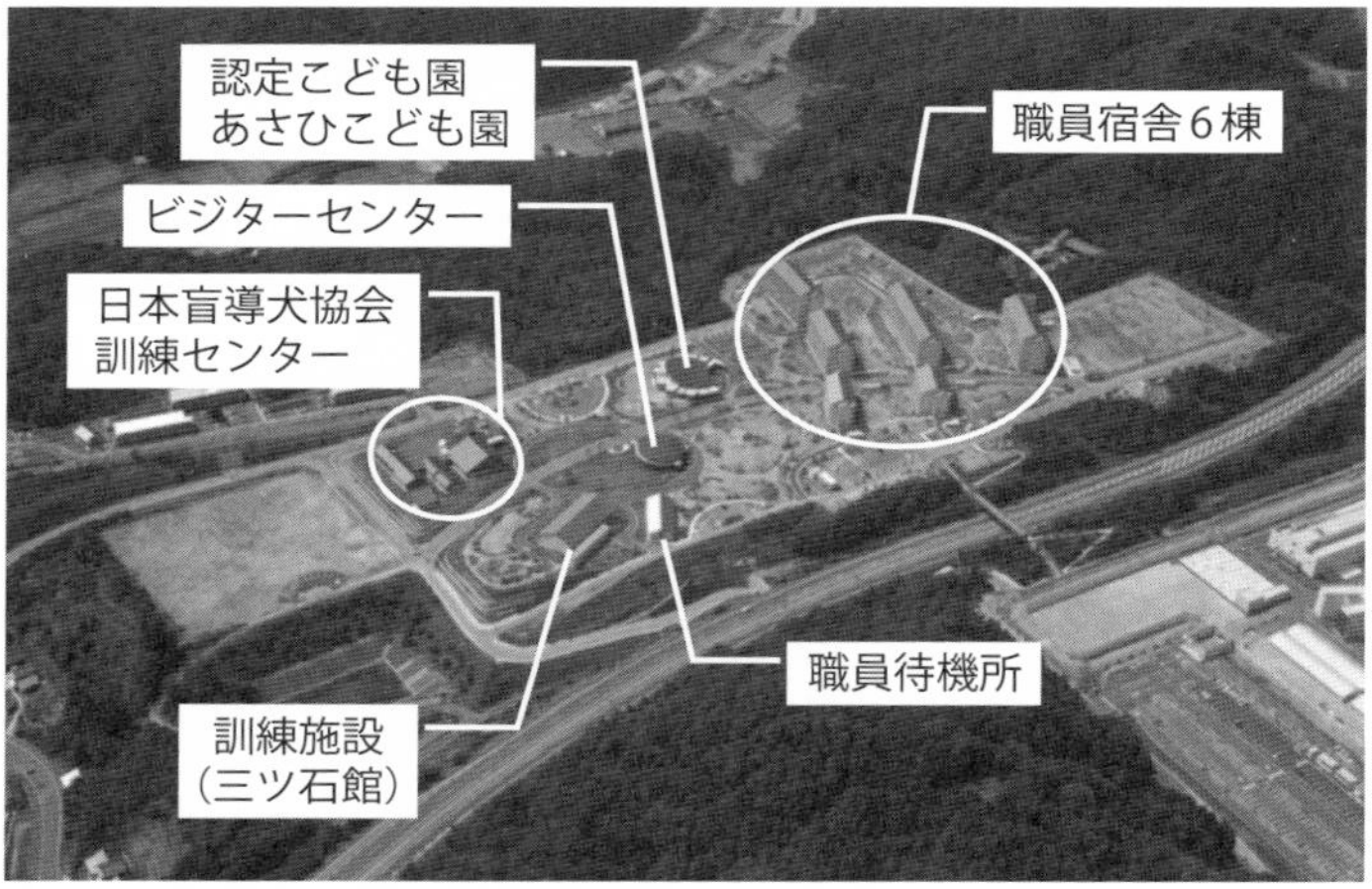

図12　刑事施設エリア俯瞰図

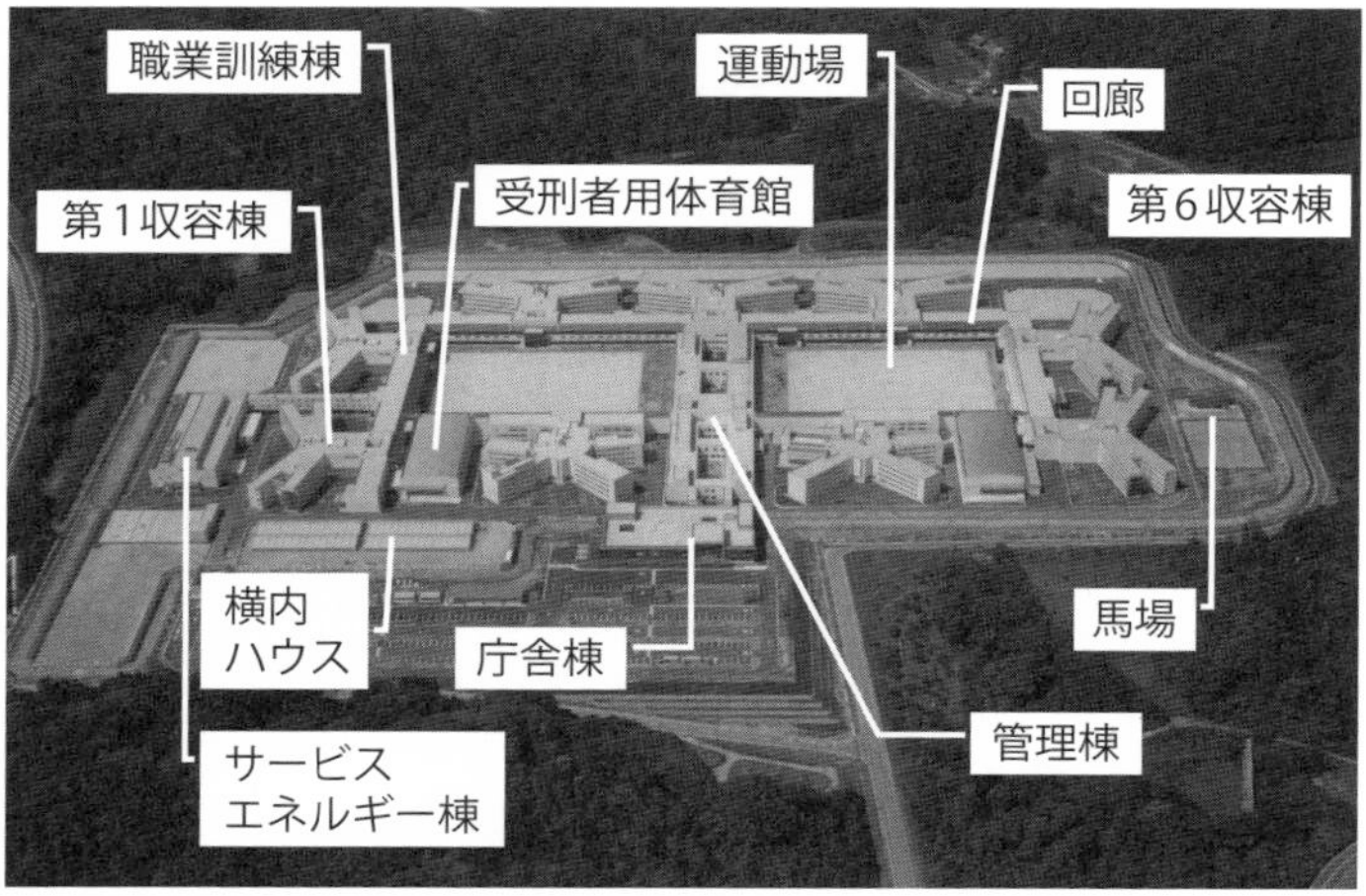

け込んでいることがわかります。受刑者を改善更生し、社会復帰させるには、地域住民が刑務所に対する関心や理解を示すこと、また、受刑者に対する理解を深めることが重要だと考えています。

●受刑者の再入状況からみる各種指導・訓練の効果

最後に、改善指導・職業訓練別再入状況について説明します。改善指導・職業訓練別再入状況①（表1）は開設時から二〇一三（平成二五）年三月末日までの四年間の累計の数字です。このような統計資料を作成している施設はないと思います。そもそも受刑者が再犯を犯す理由には、刑務所内での教育のあり方、社会環境、家族・友人との関係、貧困等、さまざまな要素があります。むしろ刑務所内の教育のあり方より、社会環境の方が影響力は大きいのかもしれません。しかし、島根あさひ社会復帰促進センターでは、実施している改善指導・職業訓練が有効なものかどうかを検証するため、この再入率を目安としたのです。

改善指導別再入率を見ると、「文通プログラム」「回復共同体プログラム」「被害者の視点を取り入れた教育」等の再入率が有意な数字を示しています。また、再入率が高いものとしては「就労支援指導」「飲酒プログラム」「知的障碍者等に対するプログラム」があります。

「就労支援指導」については、訓練中から「三四歳」を境に、就職に対する意欲が減退する傾

■職業訓練

	種　目	修了者	再入者	再入率
1	理容科	7	0	0.00%
2	ホームヘルパー科	103	5	4.90%
3	調理科（パン職人課程）	98	4	4.10%
4	販売サービス科	55	2	3.60%
5	医療事務科	142	8	5.60%
6	建設機械科	251	18	7.20%
7	デジタルコンテンツ編集科	239	17	7.10%
8	電気工事士科	141	10	7.10%
9	CAD技術科	123	6	4.90%
10	情報処理技術科（ワープロ）	62	7	11.30%
11	情報処理技術科（表計算）	63	3	4.80%
12	情報処理技術科（データベース）	46	5	10.90%
13	PC上級科（初級シスアド）	15	0	0.00%
14	点字翻訳科	31	1	3.20%
15	音訳科	47	0	0.00%
16	農業園芸科（園芸）	69	2	2.90%
17	農業園芸科（バラ栽培）	40	11	27.50%
18	石見焼製作科	40	11	27.50%
19	石見焼製作科（透析）	9	0	0.00%
20	石州和紙製作科	40	4	10.00%
21	神楽面・衣装制作科	42	9	21.40%

表1　改善指導・職業訓練種目別再入率①

（開設時から2013〔平成25〕年3月末までの4年間の累計）

■改善指導

	プログラム	修了者	再入者	再入率
1	被害者理解プログラム	2,131	223	10.50%
2	内省プログラム	75	12	16.00%
3	回復共同体プログラム	95	3	3.20%
4	飲酒プログラム	150	27	18.00%
5	性暴力プログラム	123	9	7.30%
6	暴力プログラム	92	3	3.30%
7	ホースプログラム	43	4	9.30%
8	盲導犬パピー育成プログラム	42	2	4.80%
9	SSTプログラム	77	12	15.60%
10	ペアレンティングプログラム	27	1	3.70%
11	薬物依存離脱指導	408	45	11.00%
12	被害者の視点を取り入れた教育	81	0	0.00%
13	交通安全指導	160	17	10.60%
14	就労支援指導	322	45	14.00%
15	性犯罪再犯防止指導	0	—	—
16	薬物自助グループ	35	3	8.60%
17	飲酒自助グループ	38	13	34.20%
18	就労支援グループ	7	0	0.00%
19	回復共同体フォローアップ	8	0	0.00%
20	エモーショナルマネジメントグループ	6	0	0.00%
	文通プログラム	37	1	2.70%

※なお、文通プログラムは当初、余暇時間の援助という概念に入っていたため、改善指導のプログラム数から除外していた。

向があるので、その者たちの影響による集団の負の同調がありました。グルーピングのあり方やコミュニケーションスキルの指導方法を改善しましたが、なかなか上手くいかない状況です。「飲酒プログラム」については、お酒が絶対に買えない環境下では本人たちの決心が堅いのですが、社会に帰るとお酒が容易に買えるので、その気持ちが保てないようです。社会における教育が必要であり、それが刑務所の教育と連動して行われれば変わるかもしれません。

「知的障碍者等に対するプログラム」には「内省プログラム（自分の考えや行動などを深く省みることにより、考え方、態度、行動の変容を促す）」と「ＳＳＴプログラム（ソーシャル・スキル・トレーニング：社会で人と人とが関わりながら生きていくために欠かせないスキルを身につける訓練）」がありますが、共に再入率が高くなっています。全国的な統計資料は持っていませんが、収容されている知的障碍者のうち、七割が累犯者だと言われているので、かなりの再入率だと思われます。

また、知的障碍者の再入者の帰住先を見ると、更生保護施設が四七・一％、親族が四一・二％、ＮＰＯ法人等が一一・七％となっており、無職の者が五二・九％となっています。ある知的障碍者の再入者に聞くと「刑務所を出て家に帰ると、両親は『刑務所生活が大変だったでしょうから、何もせずゆっくりとしていなさい』と言って仕事に出て行きます。私は一人残され、することもなく、お金もないので、コンビニに行って万引きをするようになりました」と語りました。やはり仕事をしなければならないし、それによって社会性を身につけさせなければならないと思います。

島根あさひ社会復帰促進センターの知的障碍者の訓練室では、親方（指導員）に怒られながら和紙を作っていた訓練生が、一生懸命に作業を行い、親方の後継者にならないかという話がありました。また、ドラえもんの人形を、粘土でつま先から作り始め、全体まで仕上げるという天才的な訓練生もいました。仕事を苦にしている者はまったくいなかったと記憶しています。

職業訓練別再入率を見ると、種目による有意さは特に認められませんが、資格を取得した者の再入率が低くなっています。これは資格取得を利用して就職しているというよりも、資格取得の意欲が社会生活の上で役立っているのでないかと思います。

改善指導・職業訓練別再入状況②（表2）は開設時から二〇一九（平成三一）三月末日までの一〇年間の累計の数字です。全体の傾向は変わっていませんが、全体の再入率が二〇％弱（被害者理解プログラム、内省プログラムのどちらかを全員が受講するので、それを見るとわかる）であり、全国の一〇年以内の再入率（四六・一％）と比較すると低い数字になっています。しかし、極端に再入率が低かった「回復共同体プログラム」「文通プログラム」が他のプログラムの再入率と同程度になっているのが気になります。

■職業訓練

	種　目	修了者	再入者	再入率
1	理容科	82	6	7.30%
2	介護福祉科	388	50	12.90%
3	調理科（パン職人課程）	389	50	12.90%
4	販売サービス科	544	55	10.10%
5	医療事務科	563	73	13.70%
6	建設機械科	867	137	15.80%
7	デジタルコンテンツ編集科	803	117	14.60%
8	電気工事士科	159	39	24.50%
9	CAD技術科	465	67	14.40%
10	情報処理技術科（ワープロ）	169	25	14.80%
11	情報処理技術科（表計算）	184	19	10.30%
12	情報処理技術科（データベース）	166	23	13.90%
13	PC上級科（初級シスアド）	19	2	10.50%
14	点字翻訳科	207	23	11.10%
15	音訳科	314	22	7.00%
16	フォークリフト運転科	24	0	0.00%
17	建設機械運転科	0	—	—

※電気工事士科は平成22年度まで実施
販売サービス科は平成23年度から実施
建設機械運転科は平成31年度から実施
PC上級科初級シスアドは平成21年度のみ実施
フォークリフト運転科は平成30年度のみ実施
また農業園芸科等のデータはなし

表2　改善指導・職業訓練種目別再入率②

（開設時から2019〔平成31〕年3月末までの10年間の累計）

■改善指導

	プログラム	修了者	再入者	再入率
1	被害者理解プログラム	5,863	1,143	19.50%
2	内省プログラム	248	75	30.20%
3	回復共同体プログラム	296	43	14.50%
4	飲酒プログラム	426	122	28.60%
5	性暴力プログラム	431	62	14.40%
6	暴力プログラム	358	50	14.00%
7	ホースプログラム	227	41	18.10%
8	盲導犬パピー育成プログラム	227	26	11.50%
9	SSTプログラム	139	42	30.20%
10	ペアレンティングプログラム	64	9	14.10%
11	薬物依存離脱指導	1,156	316	27.30%
12	被害者の視点を取り入れた教育	269	12	4.50%
13	交通安全指導	525	104	19.80%
14	就労支援指導	828	209	25.20%
15	性犯罪再犯防止指導	0	—	—
16	薬物自助グループ	97	25	25.80%
17	飲酒自助グループ	145	42	29.00%
18	就労支援グループ	7	2	28.60%
19	回復共同体フォローアップ	39	6	15.40%
20	エモーショナルマネジメントグループ	52	6	11.50%
21	文通プログラム	184	25	13.60%
22	コミュニティサークル	3	0	0.00%
23	家族関係プログラム	8	0	0.00%

5　府中刑務所での取組み

◉「やぎ」が与えてくれたもの

二〇一六（平成二八）年三月、府中刑務所教育部・谷澤正次教育専門官は、赤い決裁ファイルを左手に持って、所長室に入ってきました。私が「何の決裁ですか」と聞くと、谷澤教育専門官は「やぎの決裁です」と答えました。

決済の内容は後述しますが、府中刑務所で「やぎ」を飼育し始めたのは、その五か月前からです。所長室から東側の塀を見ていると、塀と昼夜間単独室棟の間が高さ一メートルほどの雑草で覆われていました。担当の区長に聞くと、経理作業に就く受刑者が減少し、環境美化に手が回らず、普段人が通行しない場所は除草していないということでした。

やぎ飼育の経緯

それでは「やぎ」に食べさせてはどうか。非常に短絡的な思考で「やぎ」を飼育したと思われるでしょうが、一五年前に「やぎと羊を使った教育プログラム」の予算要求を行ったことがあり、それを思い出したのです。当時は予算査定がなく断念しましたが、地方自治体が中心となり、多摩川土手の除草、立川のショッピングモール建設予定地の除草に「やぎ」が使われていました。そのことを新聞紙上で知っていたので、府中刑務所も「やぎ」を飼うことを決断したのです。早速、用度課長補佐に調査を命じると、意外にも府中刑務所の敷地から道路を隔てた東京農工大学に四〇頭の「やぎ」がいました。担当教授に連絡すると、快く承諾していただけました。

二〇一五（平成二七）年一〇月、ついに府中刑務所に「やぎ」がやって来ました。最初から除草のためだけに「やぎ」を飼育することは考えていませんでした。一方、谷澤教育専門官には、精神疾患等により集団生活が困難な受刑者や反則行為の反復等により、昼夜間単独室で生活をしている受刑者の処遇を考えるよう指示していました。

府中刑務所では、二〇〇五（平成一七）年頃から昼夜間単独室拘禁者の処遇を地道に行っていた土壌がありました。私が二〇一〇（平成二二）年、府中刑務所処遇部長として赴任していた時も、保護室（＊40）に幾度となく収容されていた受刑者に朝顔を育てる処遇を実施してい

＊40　被収容者の鎮静及び保護にあてられるために設けられた特別の設備や構造を有するもの。近年、保護室に類似した機能を持たせながらも、より拘束度を弱めた、静穏室及び観察室という居室も設けられている。

府中刑務所で飼っているやぎ

ました。処遇部門の区付専門官（当時の呼び名）と教育専門官が昼夜間単独室拘禁者を戸外へ連れ出し、草花、土、日光、風に触れさせて精神的圧迫を取り除いていました。また、小学校の夏休みの宿題のように朝顔の絵日記を描かせていました。物事の捉え方や色彩の使い方が変化する様子を見て、私も非常に勉強になりました。また、セキセイインコと文鳥の大きな鳥小屋を整備し、その前で面接指導と日記指導を組み合わせ、受刑者の不安やストレスを減少させるようにしていました。そのことで、受刑生活を集団で送れるようにもなりました。

現在は、それをさらに発展、整理して、昼夜間単独室拘禁者の処遇を行う場所として、作業班、観察居室、観察工場が設置されています。

作業班は、少人数グループで居室外での清掃作業、除草作業、園芸作業等を行い、植物の成長過程を絵日記にして記録させたりしています。集団生活に慣れさせ、作業に対する責任感を持たせることで生活意欲が向上し、円滑な受刑生活及び社会復帰に資することを目的として設置されました。

観察居室は、就業日に昼夜間単独室から共同室に通い、一日六時間で、期間は三か月。少人数で作業等を行わせ、徐々に集団生活に慣れさせていきます。対人関係の力や社会性が養われていきます。

観察工場は、居室から工場へ通う生活スタイルに慣れさせることから始まり、工場就業による共同生活にも慣れさせ、段階的に一般工場に出役させます。そのことにより、社会適応力の向上を図るものです。

単独室拘禁者処遇としての活用

「やぎ」の飼育は昼夜間単独室拘禁者に対する新たな取組みとなり、動物介在活動を取り入れた講座「ぶんぶんぶん教室」を立ち上げることになりました。谷澤教育専門官曰く「『ぶんぶんぶん教室』の名称は、動物介在活動ということで、府中市に縁のある『いきもの』がいないか探したところ、府中市出身の村野四郎さんという有名な作詞家さんがいらっしゃいました。もう一つ、あの有名な『ぶんぶんぶんハチが飛ぶ……』を作詞したことがわかり付けました。所長の名前も入っていますので……」と茶目っ気のある笑顔を返してくれました。私が若い頃「ぶんちゃん」と呼ばれていたのを知っているようでした。

このプログラムは、東京農工大学・甲田《こうだ》菜穂子《なおこ》准教授の協力を受けています。甲田准教授には播磨社会復帰促進センターでアニマルセラピー講座を実施していただき、指導計画立案から携わっていただきました。プログラムは、①受講者に動物を飼育する役割と責任を与える、②やぎの世話やふれあいを通じた介入と個別面接を併用し、コミュニケーションスキル及びストレスマネジメント等の社会的スキルの向上を図るなど、円滑な社会復帰を目指しています。

なぜ、「やぎ」なのでしょうか。前述したとおりアニマルセラピーは犬に始まり、次は馬で、最後はイルカと言われています。犬は人間の行動に対して敏感に反応するため、多くの人がすぐに影響を受けるでしょう。「やぎ」はなつかないし、芸をするわけでもない。じっとそこにいるだけです。しかし、「やぎ」は逃げたり、暴れたりせず、ずっと寄り添っています。変化がないからこそ、受刑者は「やぎ」を通して、自分自身のことを深く考えることができるのです。「やぎ」は飼育が容易で、適度な大きさがあり、教育の初期段階での介在動物としては適していると思います。

私は二〇一六（平成二八）年四月に転勤し、府中刑務所を去ったため、実際の処遇場面は見ていませんが、その後保護室に六〇回以上収容されていた外国人受刑者が一般工場で作業を行っているという連絡をいただきました。昼夜間単独室拘禁者の処遇に少しでも役立っているのではないかと思います。

一方、もう一つの効果がありました。「やぎ」を飼い始めてから処遇部門の職員との話題ができたことです。巡回していくと、「やぎは元気です」と話しかけてくる職員が多く、また退

府中刑務所（挿画：筆者）

庁する際に「やぎ小屋」へ寄ってから帰る職員もいました。われわれの職場は決して楽しいことばかりではなく、むしろストレスの多い職場ですが、職員の「癒し」にも一役かってくれたのではないかと思います。

府中刑務所での最後の勤務日に、私はすべての工場棟、居室棟を巡回しました。昼夜間単独室棟に入ると、報知器（受刑者が刑務官に用事がある時に知らせる設備）が下りていました。そこの室は、私が通ると中指を立てて、下におろす「やってやる！」というポーズをとる外国人受刑者が収容されているところでした。報知器を元に戻して、私が「どうした？」と聞くと、外国人受刑者は「ボールペンを貸してください」と答えたのです。私は「担当さんに話すので少し待つように」と指示して、担当刑務官に今の場面を話しました。今まで攻撃性が強く、職員の指示に従わない受刑者でしたので、大変驚きました。

担当刑務官は「やっとここまで来ました。所長がいつ巡回に来るか待っていました」と言いました。処遇部門の担当刑務官が何か月もの時間をかけて何度も何度も指導を重ね、やっと受刑者が職員の指示に従って生活できるようになったのだと思います。こういった指導の積み重ねと教育プログラムが融合して、効果ある処遇が展開されるのです。府中刑務所には、こういった伝統の処遇が脈々と受け継がれています。

「ぶんぶんぶん教室」には、多くの職員に携わっていただきました。「やぎ小屋」を作り、休日も「やぎ」の世話をしてくれた用度課職員。時間をかけて受刑者の動機付けを行った処遇部門の統括、主任や居室担当刑務官、効果の見極めに協力した分類の調査専門官や処遇カウンセラー、通訳をした国際対策室職員。そして、プログラムを実施した教育部職員。各方面の職員が協力し連携して行っていただき、感謝しています。

しかし、二〇一八（平成三〇）年三月で「ぶんぶんぶん教室」は閉鎖されました。矯正の世界では「行政の継続性」という言葉は見当たりません。所長が交替すると方針が一変するのです。ですから、所長になる時は自分の代でできることを行うのが通例となっています。しかし、一～二年でできることは限られています。民間企業も社長が替わると経営方針が替わるというので、矯正だけの問題ではありませんが残念です。

◉石川島人足寄場が教えてくれたもの

毎年二月、府中刑務所宿舎自治会主催による稲荷神社初午祭が執り行われます。この稲荷神社は一七九〇（寛政二）年四月、火付盗賊改方長官・長谷川平蔵宣以が「寄場人足」の病気平癒を祈願、佃島住吉神社神主・平岡日向守に依頼し、石川島人足寄場内（隅田川河口の中州、石川島と佃島の間に建てられた。現在はその跡地に石川島灯台を模したモニュメントが立っている）に建立したものです。その後、この稲荷神社は人足寄場鎮守の宇治神として明治に至るまで、平岡氏によって祭祀が営まれました。一八九五（明治二八）年、石川島監獄が巣鴨に移転するに及び、巣鴨監獄内に遷座され、一九三五（昭和一〇）年、巣鴨監獄が府中に移転するに及び、府中刑務所に遷座されて、現在に至っています。

人足寄場では無宿人（戸籍から外された人）や軽い罪を犯した者たちを収容し、社会復帰のための訓練を行ったということです。今で言えば職業訓練施設として、大工、左官、わら細工、草履づくり、紙すき、女性には裁縫、機織りなど被収容者が望む訓練を実施していました。建設作業の請負や商品（紙、衣類）の販売をして収入を確保し、人足寄場の運営資金を調達した上で、さらに余剰金を貯金させ、貯金が一定額になると釈放したということです。

石川島監獄署景況略図（奈良監獄史料館貯蔵）

この政策が素晴らしいのは、作業有償制、強制積み立ての制、元手の制を取ったことです。現在は、受刑者が働いた収入は刑務作業収入として国庫に入り、受刑者には作業報奨金が支給されます。これは賃金とは性格の異なるもので、恩恵的なものとして当座の生活費にあてるものです。住むべき住居や家族がいない人の場合には、数日でなくなってしまう額です。時代が違うと言ってしまえばそれまでですが、賃金制の導入を検討する時期ではないかと思います。

この他、道徳講話を聞かせる、教化改善を図る、男女を分隔する、病舎を設けるなど、現在の刑務所と同様な処遇が行われています。

また驚くべきことに、これらの政策は人足寄場が最初ではないことです。熊本藩主・細川重《しげ》賢《かた》と執政・堀平太左衛門《ほりへいたざえもん》が藩政改革の一環として、一七六一（宝暦一一）年に「刑法草書」を制定し、「徒刑《とけい》」という刑罰を誕生させたのです。所定の期間を収容施設に拘禁して社会生活の自由を剝奪し、強制労働に従事させました。時の老中・松平定信は、細川重賢の藩政に敬服して、石川人足寄場を作ったと言われています。

◉3・11東日本大震災が教えてくれたもの

二〇一一（平成二三）年三月一一日午後二時四六分、私は府中刑務所処遇部長室で決裁を行っていました。大きな縦揺れを感じ、席を立つのがやっとで、歩くこともできず、揺れが落ち着くのを待っていました。そして、一回目の揺れが収まった瞬間、処遇部長室から処遇本部へ向けて走りました。すでに首席矯正処遇官（処遇担当）が指示を出し、待機室等で休憩していた刑務官を昼夜間単独室棟に配置していました。当時、昼夜間単独室棟には八〇〇人の受刑者を収容していましたが、刑務官が顔を見せ、受刑者にここが一番安全である旨を説明し、規律及び秩序の維持を図ったのでした。

次に、工場就業者に対しては、作業を止め、電源を落とし、食堂に集め、人員点検を行うよう指示しました。工場の建物はS造（鉄骨構造）で柱のない構造であるため、早く避難させる必要がありました。これは、新潟県中越地震の際に、新潟少年院でマニュアルどおり少年を体育館に移動させたのですが、倒壊のおそれがあり、居室に戻したという過去がありました。そこで、私は受刑者を居室棟に戻すことだけを考えていました。発生から三〇分で人員点検及び建物の損壊状況等の報告が終わり、居室棟への移動を実施、一時間以内で居室棟への移動が終了しました。居室ではテレビを視聴させ、昼夜間単独室拘禁者には懲罰中の者も含めラジオを聞かせ、今、何が起こっているのか情報を与えました。同時に作業技官及び用度技官による建物被害状況の点検を指示するとともに、電源を確実に切るよう指示しました。

その次は刑務官とその家族の安全です。受刑者を居室に還室し確認した時点で、夜勤体制にシフトし、日勤の刑務官は各階一名を増配置した上で、帰宅させました。特に自宅や施設外のアパートなど散宿舎を優先させ、事務所職員も帰宅させました。しかし、残念ながら電車が不通で帰宅できない者がおり、職員待機所に三〇人弱を宿泊させました。また、官舎地区へ伝令を派遣し、官舎居住者の安全確認を実施しました。次の日は土曜日でしたが、受刑者には日曜日まで終日テレビ視聴を許可し、土曜日には受刑者が家族の安否を確認するために、特別発信の信書を許可しました。

その後、計画停電が二週間ほど行われましたが、非常電源装置の試験を行っておくべきと思いました。府中刑務所では毎月、非常電源装置の点検は行っていますが、停電と同じ条件での試験は実施していませんでした。計画停電時には、非常電源装置が自動的に起動せず、手動で起動させましたが、共同居室棟二棟には電気が送られず、さらに四〇〇室以上の居室の非常灯が点灯しませんでした。

府中刑務所は、三〇〇〇人近い受刑者を収容する日本最大の刑務所で、犯罪傾向が進んだ累犯者を収容する施設です。「処遇困難者」は少なくなく、暴れたり、騒いだり、刑務官に反抗したり、自殺未遂を起こしたり、さまざまな問題が発生します。一日三回、年間一〇〇〇回以上、非常ベルが鳴ります。暴れているため、刑務官に取り押さえられて保護室に入れられる受刑者も、毎日二人、年間六〇〇人を超えます。日本でも有数のハードな刑務所と言えます。

その府中刑務所で、大地震発生から月末まで非常ベルが一回も鳴らなかったのです。居室棟を巡回すると、「みんな、食い入るようにテレビを見ていました。日本でこんな大変なことが起きているのに、自分たちが騒いだりしちゃいけない」という意識があったのだと思います。

この時、一番困ったのは計画停電でした。真っ暗な中で受刑者が騒ぎ、暴動に発展しないか。電気が止まるとボイラーも稼働できず、食事や入浴にも影響が出ます。東京電力に電話をかけて計画停電から除外してもらうようにお願いしましたが、矯正局からの指示で「国の政策なので受けてほしい」とのことでした。

計画停電の初日、午後四時から八時まで停電だったと記憶しています。副看守長以上の幹部職員を全員居残り勤務させ、事態の対応にあてました。前述したように想定していないことが次から次へと発生しましたが、刑務官の一体感ある行動のおかげで何事もなく終了しました。

受刑者は、薄暗い居室で食事をとる間も話し声はなく、その後就寝時間まで誰も騒がず、布団の中に入っていました。本当にびっくりするほど静かでした。

作業が再開されるようになって、受刑者の方から「ストーブはつけなくて大丈夫です」との申し出がありました。被災地でガソリンや灯油が足りず、被災者が寒さに震えているのを見て、作業場で暖房をつけるのが申し訳ないとのことでした。また、電気のつかない工場で電子部品の組立て作業をさせていたので、非常用のランタンを工場に持ち込んだところ、受刑者から「ランタンは要りません。作業は目をつぶってもできます。不良品は出しませんので、持ち帰ってください」と言われました。

このエピソードは再犯防止とは直接的に関係がありません。しかし、敢えてここで紹介したのは、彼らは「犯罪者」であっても「人間」であることを知ってもらいたいからです。彼らを「人間」として処遇することが、改善更生し、社会復帰につながると思っています。

また、刑務所では、工場や居室の担当刑務官を「おやじ」と受刑者は呼びます。刑務官は彼らの生活を二四時間見守っており、彼らとは親同然の関係です。美祢《みね》社会復帰促進センター長の時、出所者から手紙をもらいました。そこには「おやじ」と「サラリーマン担当」の違いについて書かれていました。「サラリーマン担当は、勤務中受刑者を見ているが、雑談をしてもわき見をしても注意することなく、担当訓話や担当面接もしない。与えられた仕事以外に余分なことはしようとせず、勤務時間外には仕事のことは考えない」「おやじと呼ばれる刑務官は、普段は規律正しく、時には怒鳴ることもありますが、受刑者の話を親身に聞き、病気になった時は時間外でも声をかけに行く」等とあります。「おやじ」は、矯正の良き伝統を引き継いだ、情熱ある職員です。出所者から担当刑務官にお礼の手紙が来ることがありますが、厳しい刑務官のところほど多いものです。府中刑務所には「おやじ」が多数勤務していました。

◉チャップリンが教えてくれたもの

旧・東京拘置所の庁舎三階に資料室がありましたが、そこに一枚の新聞記事が掲示されていました。そこには「日本でも囚人の友　明るい小菅刑務所に喜劇王の感歎」との表題で記事が載っています。その横に誰かが付け足したのか、「一国の文化水準は監獄を見ることによって理解できる」との名言を残し、小菅を後にしたと文章が添えられています。この話は府中刑務所のことではありませんが、監獄の必要性やあり方を考えるのに参考になるので紹介します。

一九三二（昭和七）年五月一四日（歴史的に有名な五・一五事件の前日）、チャールズ・チャップリン氏が初めて来日し、東京駅では一万人を超えるファンの出迎えを受けたそうです。翌一五日、犬養毅首相の息子である犬養健氏に案内され、両国国技館で相撲を観戦しています。その夜、五・一五事件が勃発し、首相官邸で予定されていた歓迎会やその後の予定がキャンセルされました。新聞記事では、チャップリンはホテルでタイピストと『世界巡遊記』を書いていましたが、急に自ら希望して小菅刑務所（現在、東京拘置所として使用）を見学に行くことになったということです。

当時の小菅刑務所は、一九二九（昭和四）年、関東大震災で崩壊した東京集治監時代の煉瓦造りの建物に替わって、鉄筋コンクリート造りに建て替わりました。最新の施設で、パノプチコン（放射状）方式三階の居室棟、白鳥が空に舞い上がる姿をイメージした高さ二八メートルの中央監視塔を持つ庁舎等を備えていました。

翌二〇日の「東京朝日新聞」に、中央監視塔を背景に立つチャップリン氏の写真と感想が載っています。「アメリカではシンシン監獄を始め世界の監獄を見たが日本に斯んな立派なものがあるとは思わなかつた、恐らく設備、明るさの點からいつて世界第一、最も興味深いのは囚人が機械を使ふその整頓と熟練さです」と述べています。

このような考えを持つ作家がロシアにもいました。トルストイは「監獄に入ったことのない者は、実はその国を知りはしない」と言い、ドストエフスキーは「ある社会の文明の発達の度合いは、刑務所に入ってみることでわかる」と言っています。私はその当時、予算要求の仕事に携わっており、この新聞記事を何度も財務省に持っていき、「世界一の刑務所を作ってください。それが日本の文化水準を上げることにつながります」と説明しました。

(第三種郵便物認可)　昭和七年五月二十日　(金曜日)

日本でも
囚人の友
明るい小菅刑務所に
喜劇王の感歎

例の「街の灯」を米國の有名な監獄シンシンで、囚人達にうつして見せたチャップリンが日本でも入京間もない十九日に小菅刑務所を訪れた――チャップリンの夜はいつも午前十一時に明けるだがその十九日の朝はめづらしく早起き、素めしぬきでこの日雇つたタイピストの大川さんを相手に旅行記を書きつゞけてゐたが午後三時半になると「やめた」とばかりそのまゝ飛びだして小菅刑務所へ――いはゆる

刑期 十年以上の受刑者を収容する長期刑務所、灰色のパーブチコン・システム三階建の前に立つたチャップリン「偶数節」における彼のあの涙のたまつた温かい微笑をその面に浮べたまゝ中へ、香椎看守長の案内でまづ聯合から始めて中央見張所を中心とする放射形の囚人舎の雑居房、獨居房をくまなく見せてもらひ珍しくこれを一々ノートに書きとめる兄さん、解るでせう、この網目的な明るさ、なんならあなたこゝにゐたらどう

なんていふチャップリンなんだか生地のまゝに生きる彼そのものが今日この日は明かに見えるのだ、それから教誨所、炊事場、病舎など、ことに

工場 は第二、第三の米國トラスコン鋼材會社の組立工場を興味深く見物し、最後に中央見張所の下に立ち例の通り「アハアー」といつてチャップリンはその感想の一端を洩らした

アメリカではシンシン監獄を始め世界の監獄を見たが日本に斯んな立派なものがあるとは思はなかつた、恐らく設備、明るさの點からいつて世界第一、最も興味深いのは囚人が機械を使ふその熟練と熟練さです【寫眞は見張所の喜劇王】

見込まれたタイピスト
大川千代子嬢

チャップリンは十九日とう〳〵秘書の日本むすめをタイピストとして雇入れた、名前は大川千代子、年は廿一歳、英語は日本語よりも上手、速記も免状を持つてゐるといふ腕の持主、チャップリンの部屋でその日からもう仕事にかゝつてゐる

チャップリンは國を出てからといふもの唯一つの仕事は「世界巡遊記」を書き上げることなんだが、日本へやつて来てからこの喜劇王には見るもの聞くものすべてが珍奇、そこで書く分量が増えたのなんの、好きなカブキを見て歸つてから午前二時頃まで唯一人でタイプを打つといふ勉強振りだ

これを見かねたシドニー君誰か良いタイピストはゐないものかと八方へ註文方を依頼し、やつときのふ探しだした早速シドニー君が試験の結果すぐ話がまとまつたといふ譯、大川さんは一週間ばかり前アメリカから両親と一緒に歸つて来たばかりで今は横濱の某アパート住まひ

1932(昭和7)年5月20日(金)付「東京朝日新聞」

ＰＦＩ刑務所を作る前に、アメリカ、イギリス、オランダ、韓国等を見て回りましたが、日本の刑務所が世界一だと実感しました。それは建物のハード面だけでなく、運営のソフト面でも他国に学ぶものはありませんでした。オランダでは二〇〇〇人収容されている居室棟の奥に、一五〇人収容の最先端のハイテク居室棟があるのですが、そこしか見せてもらえませんでした。

アジア太平洋矯正局長会議で中国に行った時は人気のない建物は見せてくれましたが、受刑者が働いているところは見せてもらえませんでした。外国人に自国の刑務所を見せるには、相当躊躇していることがわかりました。どこの国でも、その国で一番見せたくない場所が刑務所かもしれません。日本の刑務所は基本的にまったく同じ制度で運営されているので、外国人にどこの施設を見ていただいても構わないと思います。

6　矯正施設における「衣食住」について考える

私が拝命したころの保安課長（現在は、首席矯正処遇官（処遇担当））が、「優秀な管理栄養士は看守二〇人に匹敵する」と言われたのを思い出します。また、私が用度課長の時には、矯正管区長が視察に見えられ、「受刑者も人間であり、人間は美しくなければ生きていけない」と言

図13　矯正施設の「衣食住」

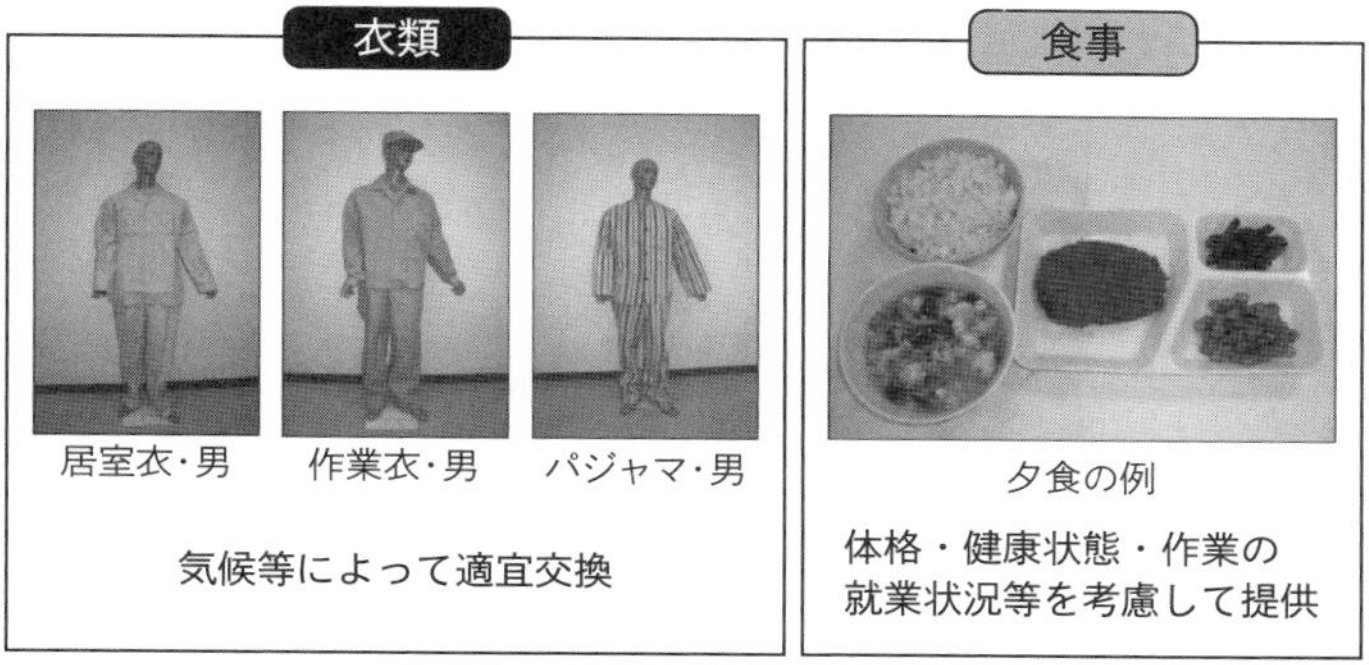

われ、居室等の塗装に追われたこともあります。

矯正における被収容者の「衣食住」は、矯正の根幹をなすものであり、拘禁の確保だけでなく、適正な処遇の実施に影響を及ぼすものです。特に、給食は、原則として補食（三度の食事の他に食べる軽い食事）が許されていないため、矯正施設では健康を保つ基本的な条件として重要であるとともに、被収容者の心情安定にも大きな効果があります（図13）。

●最近の「衣食住」について思うこと

「食」に関して

被収容者の食事の内容が悪くなったように感じます。カット野菜やレトルト食材を多く使用し、それが食材費を圧迫しているのではないかと思います。その原因として、①炊事夫（炊事場で働く受刑者）の確保（＊40）ができないため、加工しなくてもよい方法を選択すること、②

食中毒の心配がない食材の使用や調理方法を選択すること、③被収容者からの衛生面の苦情に耐えられるような食材を使用すること、④配食に手間のかからないものを供与すること等が考えられます。

炊事夫の確保ができない理由は、受刑者の減少や高齢化にありますが、彼らの就業についても問題があります。矯正指導日はもちろん、免業日にも出業させざるを得ませんが、代休を与えることができない状況です。また炊事夫の中には、教育や職業訓練の恩恵を受けるべき者がいますが、実際にはきつい労働のみで、教育や職業訓練を受講する機会を与えられていないのが現状です。

これらの問題を解決するには、献立や調理方法の工夫が必要であり、製造のオート化を図るための機械の導入、流れ作業や作業工程等の見直し、給食業務関係者を外部の大手給食業者へ研修に行かせること等が必要です。さらに、各施設で炊事夫を確保するのは困難なので、集約化を図り、給食センター構想やクックチル方式（＊42）の採用を考えるべきです。

収容施設における給食の基本は、温かいものを腹一杯食べさせることにあると思います。

「住」に関して

最近の日本の温暖化をみると、熱中症対策を本格的に考える必要があります。矯正施設の建物は、堅牢さが重視されているため、ＲＣ構造で亜熱帯気候に適さない建物であり、風通しを良くする工夫が必要です。生活環境や就業環境の改善を考え、大型扇風機やエアコンの導入を考える時期ではないかと思います。

建物の構造及び設備については素人ですが、島根あさひ社会復帰促進センターの構造、鉄骨構造、断熱パネル、断熱材、空気層、鉄板、強化石膏ボートの壁が、今後、矯正施設を建設するのに参考になると思います。また、保護室及び静穏室については、新たに整備されたところには空調設備がありますが、旧保護室等は設置されていないところが数多く残っています。計画的に空調設備の設置が望まれます。

「衣」に関して

新型作業衣は二〇〇五（平成一七）年度から、新型居室衣は二〇〇八（平成二〇）年度から各施設に配布され、明るい色調で、現場の評判も良好です。次の段階としては、衣類の検証です。

＊41　刑事施設の炊事は栄養士のもと、受刑者が炊事業務を行っている。

＊42　あらかじめ加熱調理した食品を急速冷却し、食べる時間に合わせて再加熱することで、できたて感覚の料理を提供するシステム。

美祢《みね》社会復帰促進センターの受刑者アンケートの結果では、パジャマ以外、素材、色、デザインともに良いと回答されており、将来の刑事施設の運用に活用すべきだと思います。

◉「衣食住」について具体的に配慮すべき事項

まとめると、以下の点に十分配慮する必要があります。

「食」に関して

①その生命を維持し、健康を保持しつつ、労働能力を発揮するに足りるものであること。
②贅沢である必要はないが、常に新鮮で衛生的なものであること。
③調理の工夫によって、常に変化に富んでいること。
④冬期等においては特に保温食を給すること。
⑤一定期間に、栄養素及び摂取エネルギーの見直しを図ること。

「衣」に関して

①人間としての品位を損ない、羞恥心を催されるものを避けること。
②保温及び健康に適当なものであること。

③常に清潔であること。

「住」に関して

①所在地域の気候風土に適応した構造であること。

②容積、最低床面積、採光、照明及び換気について保健衛生上の要求を満たすのに十分なものであること。

③衛生上、必要な温度調節のための設備を整備すること。

◉給食・リネンセンター構想及びクックチル方式の採用

この構想は、各管区、一か所に給食及び洗濯のセントラル工場を設置し、そこの運営を民間に委託し、矯正施設の給食・リネンサービスを実施しようとするものです。

これにより、

①大量一括委託によるスケールメリットがあり、大幅なコストダウンを実現できる。

②サテライト施設の炊場・洗濯工場のコンパクト化が図られ、余剰敷地に増築等が可能になる。

③矯正施設の経理作業を外注するので、近隣の民間企業を圧迫することはない。
④民間企業のノウハウを活用し、最新鋭の設備と就労に直接結びつく技能を付与することができる。就職先が拡大し、就労に有利になる。

等のメリットがあります。

また、給食・リネンセンターは受刑者による経理作業的職業訓練での運営を想定していますが、将来的には塀の外で、出所者による作業を行うことができれば、雇用機会の拡大にもつながると思います。

給食業務を民間委託する上で、一番心配していたことは民間企業が利益を追求するあまり、被収容者の食事の質を落とすのではないかということです。これについては、ＰＦＩ刑務所の実態を見れば明らかなように、国の監督下であれば良質な給食は可能です。

最後に、もう一つ府中刑務所長の時のエピソードを紹介します。被収容者は刑事施設視察委員会（＊43）に面接や書面を提出することができます。府中刑務所の場合、その書面は三か月で四〇〇通にも及びましたが、その八〇％以上は食事についての苦情でした。そこで本省とエームサービス株式会社（＊44）の協力を得て、炊事備品の大幅な改善を図り、少ない炊事夫で多種多様なメニューを提供できる体制を整えたのです。その結果、苦情が一件に減少しました。

＊43　刑務所や拘置所などのいわゆる刑事施設が、適切に運営されているかどうかを監視するために、外部の人間を加えた第三者機関。
＊44　企業、病院、学校、スポーツ施設、職域食堂等におけるフード及びサポートサービスの会社。矯正施設ではＰＦＩ刑務所及び公共サービス改革法（公サ法）施設の給食業務を行っているほか、被収容者に対する日用品等の物品販売も行っている。

第二部

再犯防止施策の現状

◉再犯防止推進計画の重点課題

これまでにも述べてきたように、矯正が抱えている大きな問題として再犯防止があります。犯罪状況がどうなっているかと言うと、三割の再犯者が全体の六割の犯罪を惹起しています。それと、刑務所入所二度の者の五年以内の再入率は初入者よりも二倍近くの高率になっていますし、満期釈放者の五年以内の再入率は仮釈放者より二〇ポイント以上高い率となっています。また、再入者のうち、前回出所時に適当な帰住先がなかった者の約六割は一年未満で再犯しています。そして、保護観察中に無職であった者の再犯率は有職者の五倍になっています。したがって、いかに社会に戻った後に仕事があって、生活が安定するかということが、再犯防止の一番の決め手ではないのかと思います（図14）。

再犯防止の重点施策として、二〇一二（平成二四）年七月の犯罪閣僚会議で「再犯防止に向けた総合対策」が決定され、「出所後二年以内に再び刑務所に入所する者等の割合を今後一〇年間で二〇％以上減少させる」という数値目標が示されました。また、二〇一三（平成二五）年一二月には「世界一安全な日本」創造戦略が閣議決定され、さらに、二〇一四（平成二六）年一二月には犯罪閣僚会議で「犯罪に戻らない・戻さない」が宣言され、二〇二〇（令和二）年までに「犯罪や非行をした者の事情を理解した上で雇用している企業の数を三倍にする、帰る場所がないまま刑務所から社会に戻る者の数を三割以上減少させる」という目標が設定されました。

また、二〇一六（平成二八）年一二月に再犯防止の基本理念や国と地方公共団体の責務を明らかにした再犯防止推進法が成立・施行され、地方公共団体の責務が明記、「協力雇用主」が定義されました。さらに、二〇一七（平成二九）年一二月に再犯防止推進計画が決定されました。

再犯防止推進計画は、二〇一八（平成三〇）年度から二〇二二（令和四）年度までの五年間を計画期間とし、「誰一人取り残さない社会」の実現に向けた関係機関と地方公共団体、民間団体との緊密な連携の確保など五つの基本方針を掲げています。また、関係機関と地方公共団体、民間団体等との連携を一層図るため、再犯防止推進計画の重点課題（①就労・住居の確保、②保健医療・福祉サービスの利用の促進、③学校等との連携した修学支援、④犯罪をした者等の特性に応じた効果的な指導、⑤民間協力者の活動促進、広報・啓発活動の推進、⑥地方公共団体との連携強化、⑦関係機関の人的・物的体制の整備）に沿った一一五の施策が盛り込まれています。このように再犯防止が国の施策

図14　再犯防止の現状

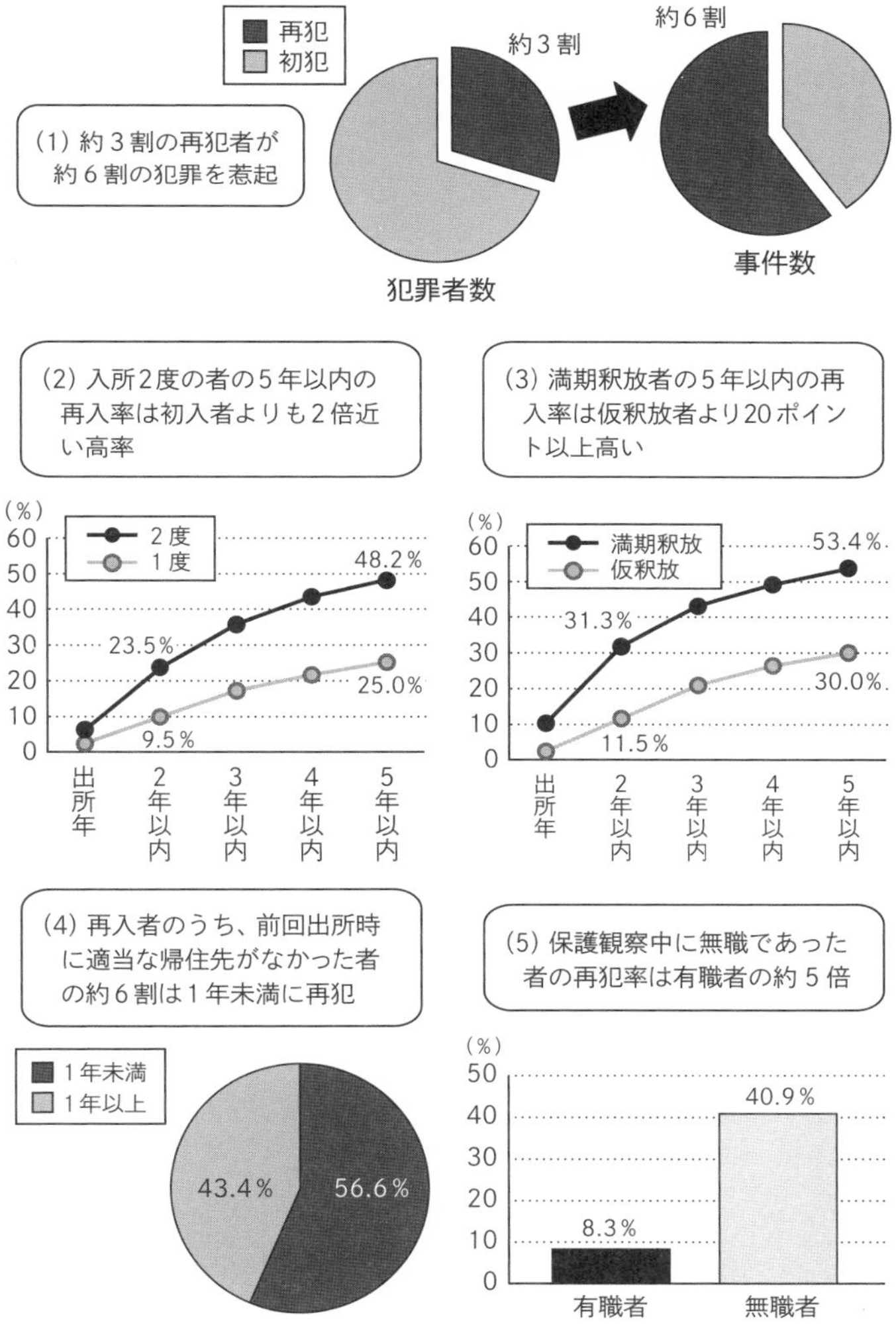
再犯
初犯
(1) 約３割の再犯者が約６割の犯罪を惹起
約３割
約６割
犯罪者数
事件数
(2) 入所2度の者の５年以内の再入率は初入者よりも２倍近い高率
(%)
60
50
40
30
20
10
0
2度
1度
48.2%
23.5%
25.0%
9.5%
出所年
2年以内
3年以内
4年以内
5年以内
(3) 満期釈放者の５年以内の再入率は仮釈放者より20ポイント以上高い
(%)
満期釈放
仮釈放
53.4%
31.3%
30.0%
11.5%
出所年
2年以内
3年以内
4年以内
5年以内
(4) 再入者のうち、前回出所時に適当な帰住先がなかった者の約６割は１年未満に再犯
1年未満
1年以上
43.4%
56.6%
(5) 保護観察中に無職であった者の再犯率は有職者の約５倍
(%)
50
40
30
20
10
0
40.9%
8.3%
有職者
無職者

と位置付けられ、私たちもこの目標を達成すべく、各種施策を展開していました。

◉再入者数と再入者率の傾向

それでは、入所受刑者人員のうち、再入者の人員及び再入者率（入所受刑者人員に占める再入者の人員の比率）の推移を見てみましょう。再入者の人員は、一九九九（平成一一）年から毎年増加した後、二〇〇六（平成一八）年をピークにその後減少傾向にあり、二〇一七（平成二九）年は一万一四七六人でした。これは、入所受刑者総数が減少しているので、再入者も減少したのです。しかし、再入者率は二〇〇四（平成一六）年から毎年上昇し続けており、二〇一七（平成二九）年は五九・四％でした。女性について見ると、再入者の人員は一九九九（平成一一）年以降増加傾向にありましたが、二〇一四（平成二六）年をピークにその後減少し、二〇一七（平成二九）年は九二八人で、再入者率は四九・〇％。男性と比べると低い割合です（図15）。

次に、二〇一七（平成二九）年における入所受刑者の就労状況を見ると、男女ともに、初入者に比べて再入者の方が、無職の比率が高い状況です。男女総数では再入者の七二・四％が無職者です。これで、犯罪者の中で無職者が多いのがわかると思います（図16）。

次に、二〇一七年（平成二九）年における入所受刑者の居住状況を見ると、男女ともに、初入者に比べて再入者の方が、住居不定の比率が高い状況です。男女総数では、再入者のうち

図15　入所受刑者の再入者人員・再入率の推移

①総数

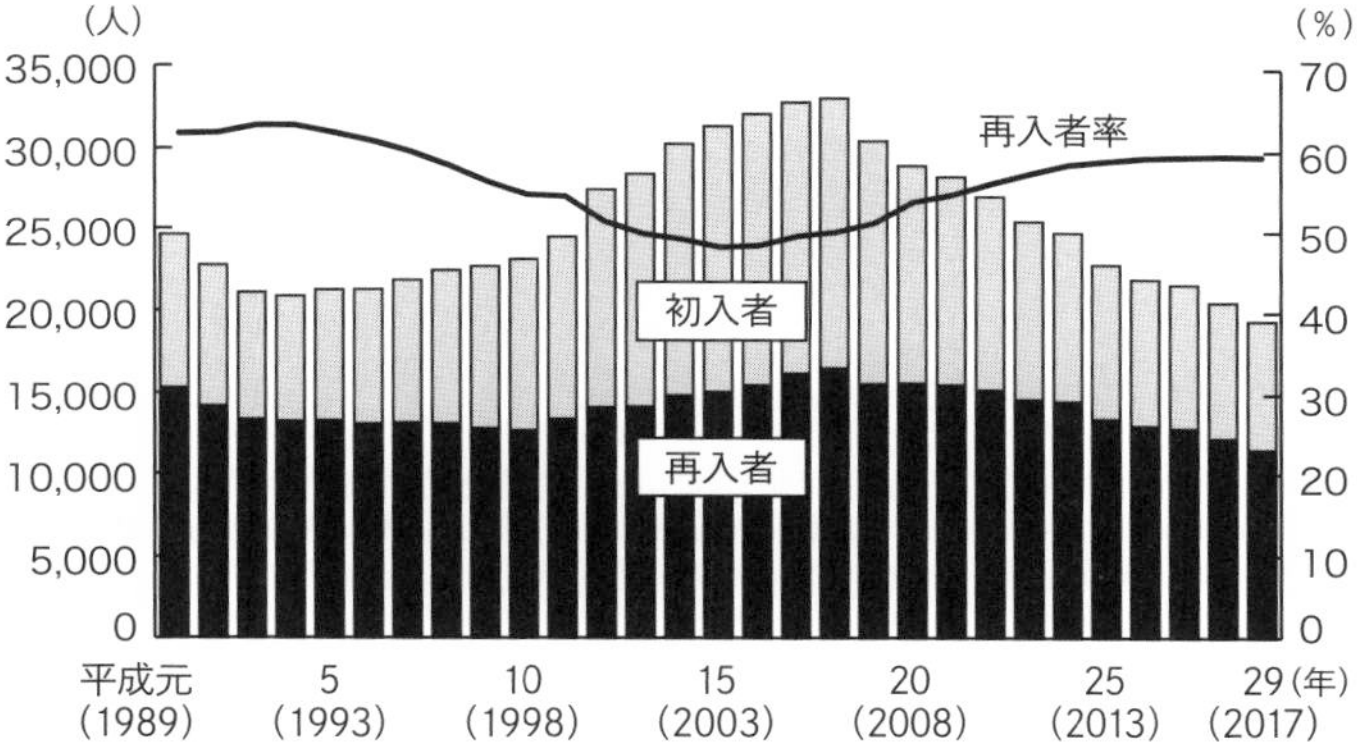

②女性

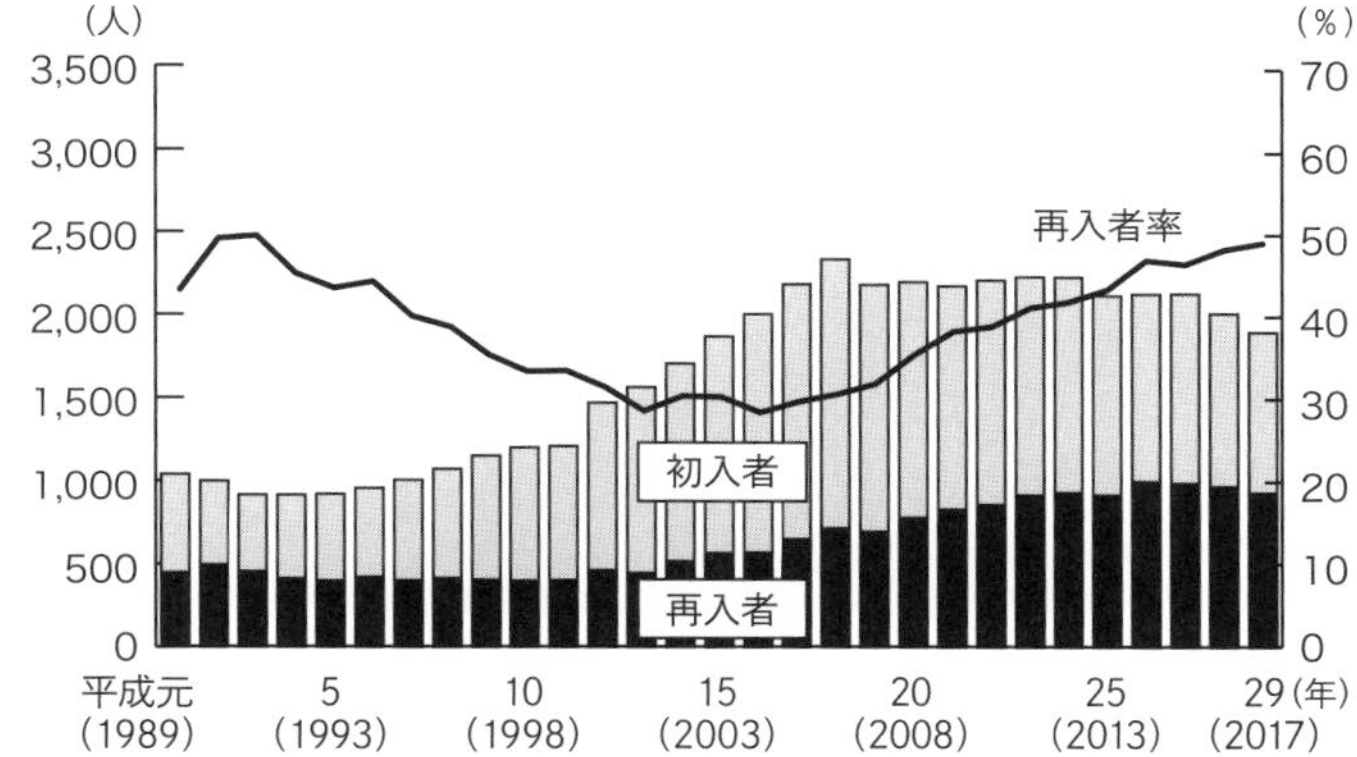

注）矯正統計年報による。

出典：「平成30年版 犯罪白書」

図16　入所受刑者の就労状況別構成比（2017〔平成29〕年）

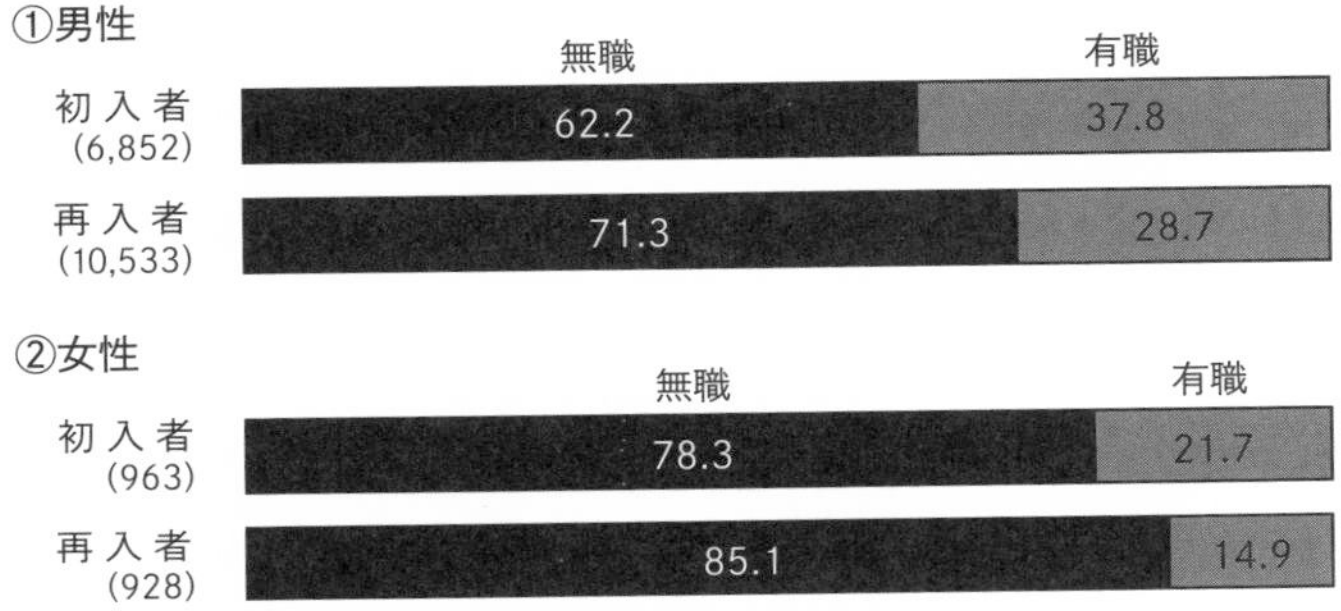

注）1　法務省大臣官房司法法制部の資料による。
2　犯行時の就労状況による。
3「無職」は、定収入のある無職者を含む。
4　学生・生徒、家事従事者及び就労状況が不詳の者を除く。
5　（　）内は、実人員である。

出典：「平成30年版　犯罪白書」

二一・九％が住居不定者です（図17）。

　さらに、二〇一七（平成二九）年の入所受刑者のうち、再入者の再犯期間別構成比を見ると、前刑出所日から二年未満で再犯に至った者が六割近くを占めています。出所から一年未満で再犯に至った者は三七・三％であり、三月未満というごく短期間で再犯に至った者も一〇・八％いることがわかります。希望に満ちて出所しても、社会環境は厳しく、就職できなくて、再犯に陥る者が多いことがわかります（図18）。

　では、この二年以内の再入率がどのくらいなのかと言うと、二〇一六（平成二八）年出所者は、全国平均で一七・三％（出所した年を含む二年以内の再入率ですので、二〇一八年に公表された数字）です。この数字をどのように見るか

図17　入所受刑者の居住状況別構成比（2017〔平成29〕年）

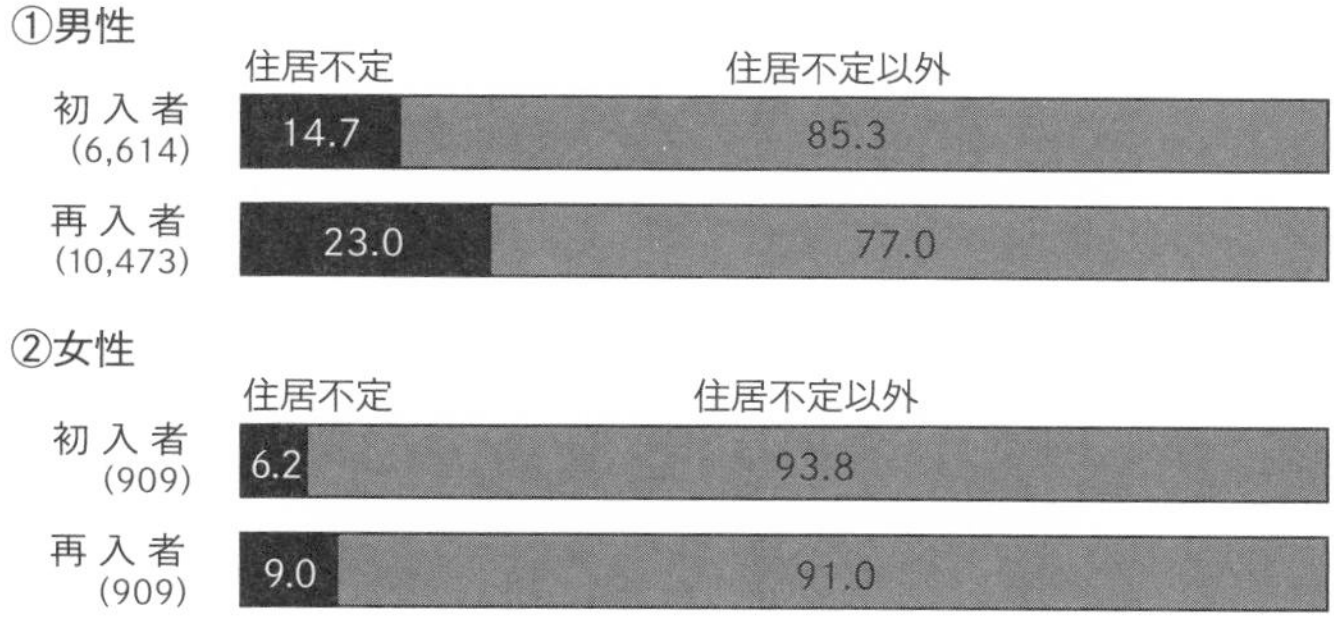

注）1　法務省大臣官房司法法制部の資料による。
　　2　犯行時の居住状況による。
　　3　来日外国人及び居住状況が不詳の者を除く。
　　4　（　）内は、実人員である。

出典：「平成30年版　犯罪白書」

図18　再入者の再犯期間別構成比（2017〔平成29〕年）

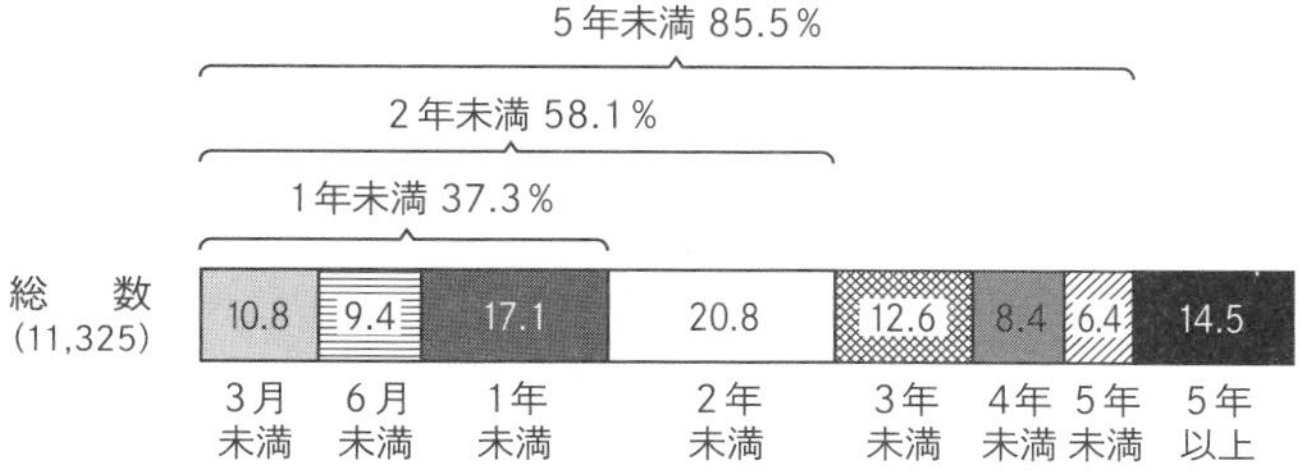

注）1　矯正統計年報による。
　　2　前刑出所後の犯罪により再入所した者で、かつ、前刑出所事由が満期釈放又は仮釈放の者を計上している。
　　3　「再犯期間」は、前回の刑の執行を受けて出所した日から再入に係る罪を犯した日までの期間をいう。
　　4　（　）内は、実人員である。

出典：「平成30年版　犯罪白書」

というと、二〇〇六（平成一八）年から二〇一〇（平成二二）年までの五年間の再入率の平均は、全国平均で二〇・〇％になります。これを基準として、二〇％を減じた率である一六・〇％が目標値となりますが、全国的に見ると二・七ポイント減少。目標達成までは、さらに一・三ポイント減少させなければならないことがわかります。二〇一三（平成二五）年出所者では一八・一％と順調に減少していましたが、二〇一四（平成二六）年出所者では〇・四ポイント増加しました。これからの努力がさらに必要です。

二年以内の再入率は、A指標（初犯）施設とB指標（累犯）施設では違いが出ています。全国的に比較した統計資料がないので、大阪矯正管区内の施設で比較しますと、二〇一六（平成二八）年の二年以内の再入率はA指標施設だと七・九％ですが、B指標施設だと二一・八％です。累犯施設だと再犯防止がなかなか難しいことが、この数字からもわかると思います。少年院の場合は、一〇％から一二％の再入率です。少年院であれだけ手厚く、教育、指導をしていても、なかなか立ち直らせるのは難しいと思います。

また、A指標施設の再入率が下がらなくなっています。正確な原因はわかりませんが、刑務所の処遇に対応できない受刑者が一定数いるのかもしれません。全体の再入率を下げるためにも、B指標施設に期待しています（図19）。

図19　出所した年を含む２年以内の再入率の推移

全国及び大阪矯正管区内の再入率

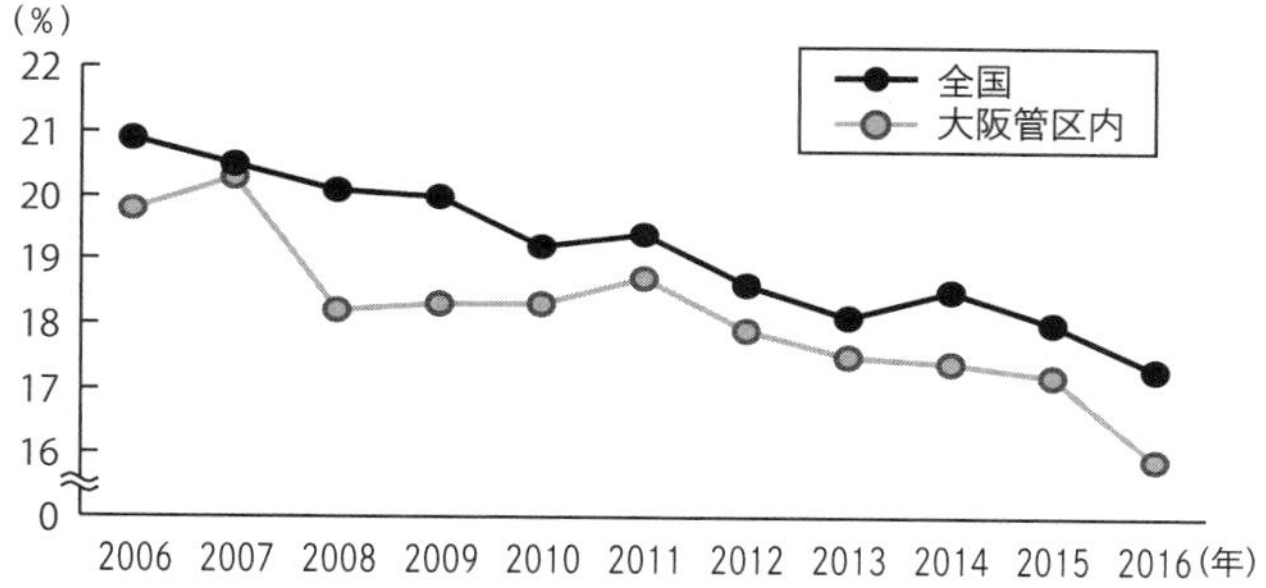

大阪矯正管区内の指標別の再入率

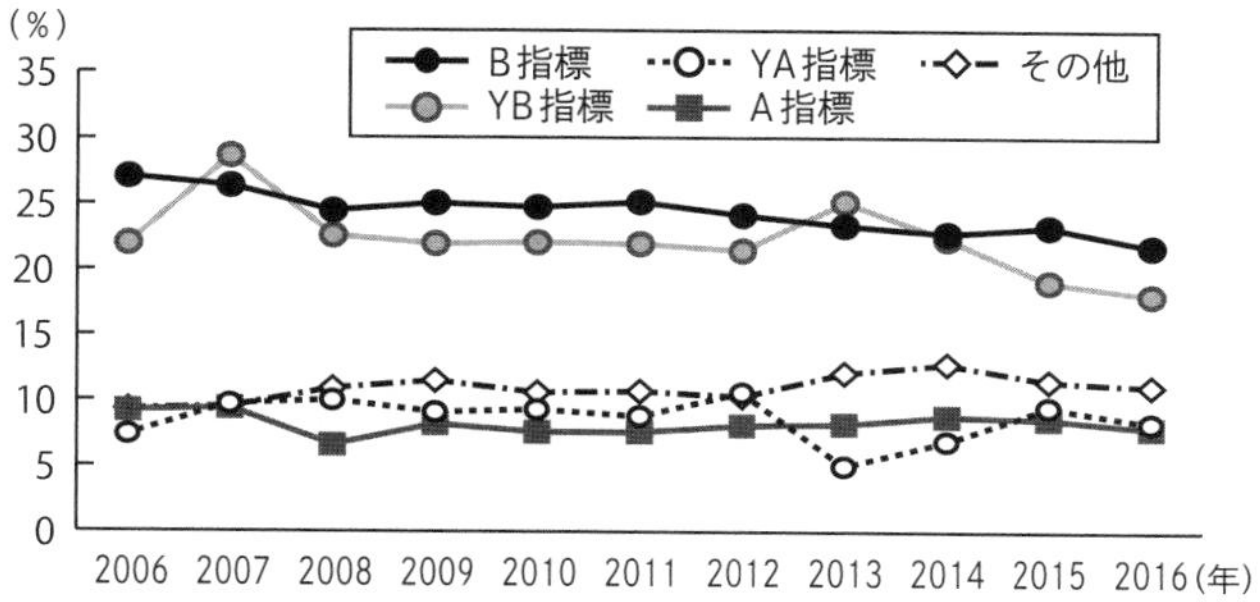

PFI 刑務所の再入率

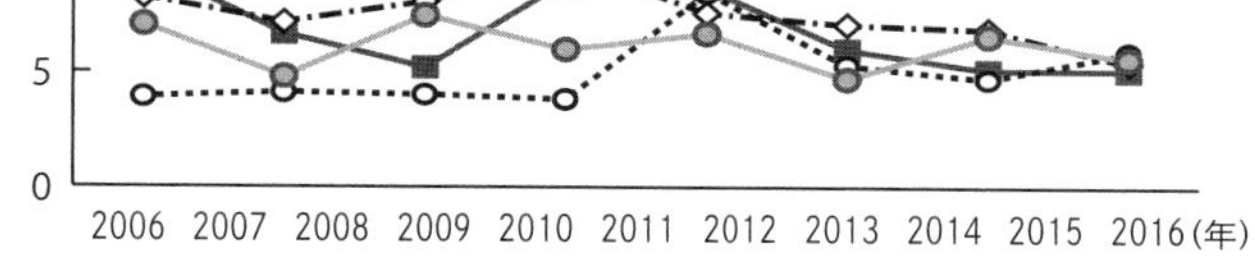

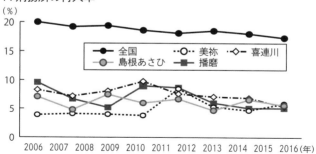

図20　釈放事由別帰住先（2017〔平成29〕年）

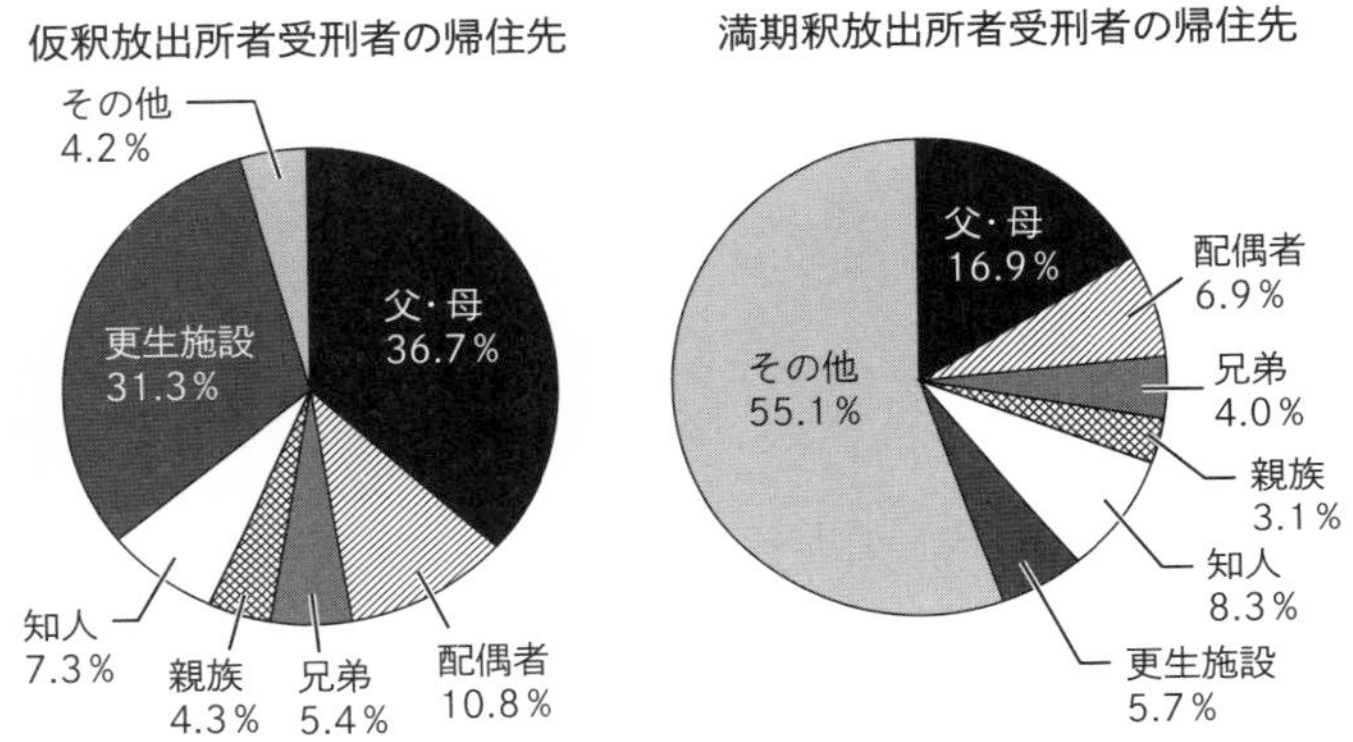

出典：「平成30年版　犯罪白書」

◉出所者の帰住地確保

　犯罪閣僚会議が設定したもう一つの目標に、帰住地確保の問題があります。二〇一七（平成二九）年における出所受刑者の帰住先別構成比を仮釈放、満期釈放の出所事由別に見ると、仮釈放では、父・母を帰住先とする者の割合が最も高く、次いで更生保護施設、配偶者の順です。他方、満期釈放者では、その他が過半数を占めています。これが問題で、出所後はどこに行ったのか、まったくわかりません（図20）。全国的な統計資料がないので、大阪矯正管区内の施設の統計資料（図21）で説明します。

　各施設で差があるのは指標別の違いですが、本来、京都刑務所のように右肩下がりでなければならないと思います。帰住先を確保するには、入所時から受刑者自らが帰住地設定に意欲を持つ必要があります。それには入所時調査で分類の職員の指導だけでなく、

図21　満期出所者に占める帰住先未定者の比率

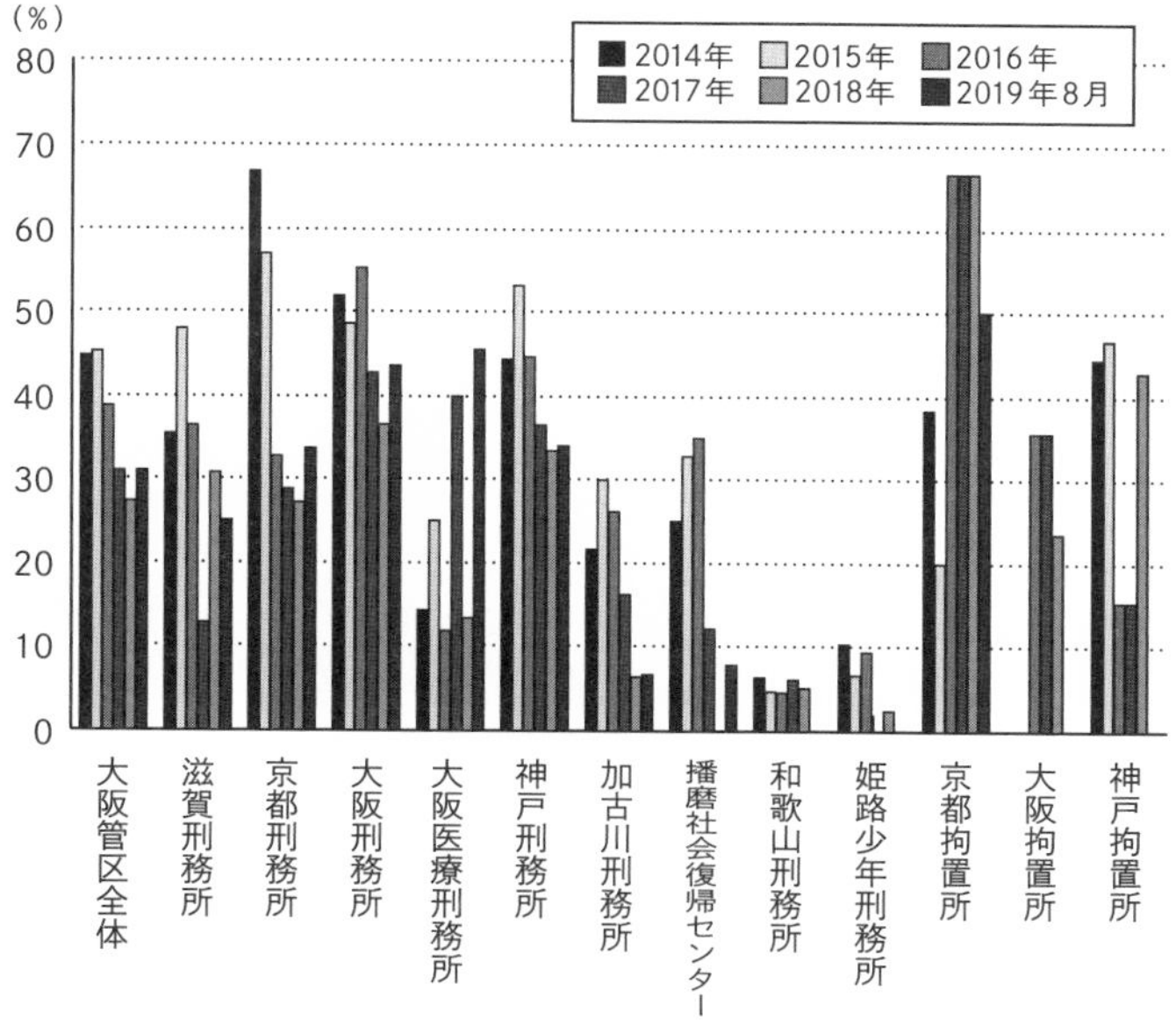

その後の日常生活の中で、処遇の担当刑務官の働きかけが重要になってきます。

受刑者は親族等に帰住先を依頼して断られると、すぐにあきらめてしまいます。それは犯罪によって親族等に迷惑をかけており、これ以上世話になりたくないという気持ちがあるからだと思います。

しかし、そこであきらめてはいけないのです。担当刑務官は受刑者に対して、親族等に手紙を出して帰住先になってもらうよう、働きかけをする必要があります。また、帰住地設定が困難な障碍者や高齢者については後述しますが、特別調整（一四六

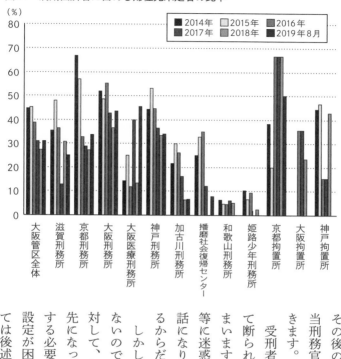

図22　釈放事由別就職内定率（2015〔平成27〕年）

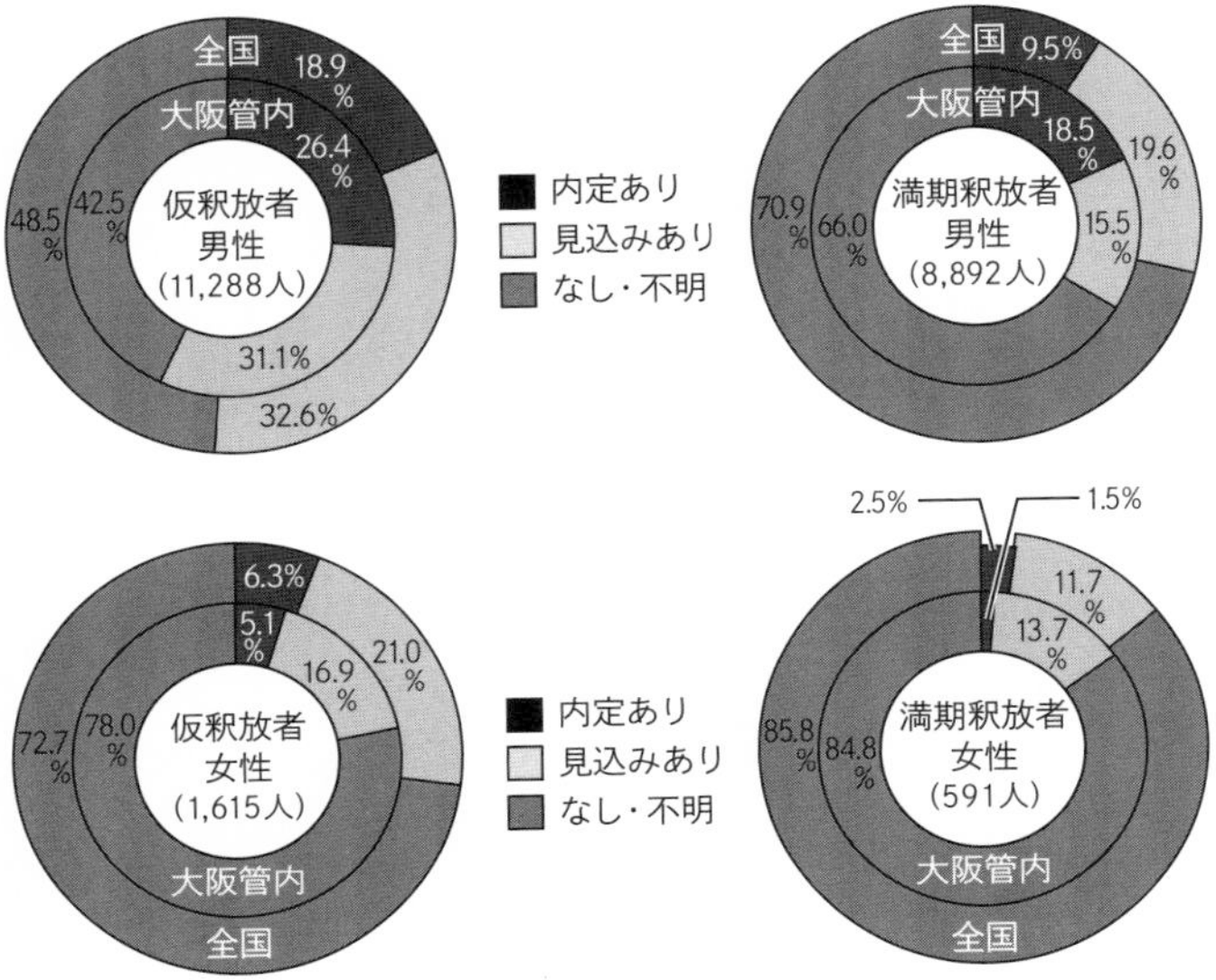

頁以下参照）に乗せることが必要です。

◉出所者の就職状況

二〇一五（平成二七）年の出所者の就職状況について説明します。全国男性受刑者の仮釈放者は一万一二八八人で、うち就職が内定している者は二一三三人、一八・九％です。全国男性受刑者の満期釈放者は八八九二人で、そのうち就職が内定している者は八四六人、九・五％で一割も満たしていません。

また、全国女性受刑者の仮釈放者は一六一五人で、そのうち就職が内定している者は一〇二人、六・三％です。全国女性受刑者の満期釈放者は五九一人で、そのうち就職が内定している者は一五人、二・五％です。なお、「就職見込みあり」は受刑者本人の申告によるものです。

これを見てわかるように、在所中の就職内定率が低い状況です。特に、満期釈放者の方が仮釈放者より低く、女性受刑者の方が男性受刑者より低くなっています。女性受刑者は家庭に帰る者が多く、就職内定率が低くなっていると思われていますが、近年その傾向も変ってきています。女性受刑者の出所後の就職場所を確保することが大きな課題となっています。女性受刑者の総合職業訓練施設の設置を考える時期にあります。また、仕事がなければ生活の基盤が安定しませんので、就労支援をもっと活発に行う必要があります（図22）。

●矯正就労支援情報センターの設立

受刑者等に対する就労支援が画期的に改善されたのは、二〇一四（平成二六）年二月、受刑者専用求人制度が導入された時からです。受刑者等の雇用を希望する企業は、ハローワークを通じた求人を行うにあたり、一般の求職者には公開せず、指定した矯正施設にのみ求人票を提示できるようになりました。しかし、矯正施設の被収容者は広域から収容されているため、企業所在地の近くの刑務所に求人を行っても、応募があるとは限りません。その施設の受刑者が出所後にその施設の周辺で生活するとは限らないからです。

また、全国の刑務所では、それぞれ資格や技術取得に向けて職業訓練が実施されています。

職業訓練を受けるために、他の刑務所で収容されていた受刑者が一時的に収容されている場合もあります。地域や職業訓練の実施状況から施設を指定して受刑者等専用求人を行ったとしても条件が合わず、求人に対する求職のマッチングが限定的にしか行われていないという課題もありました。それでも、二〇一五（平成二七）年度はハローワークを通じた矯正施設在所中の就職内定件数が三五六件ありました。

これを増加させるために、新たな組織として矯正就労支援情報センター（コレワーク）が設置されました。コレワークとは、一言で言えば、受刑者の雇用を希望する企業に向けた「矯正施設検索サービス」を行う仲介センターです。二〇一六（平成二八）年四月に、東日本はさいたま新都心に、西日本は大阪市中央区に、全国二か所で新設されました（図23）。

コレワークの目的は、受刑者や少年院在院者の雇用を希望される企業を支援し、受刑者等が出所後、早期に仕事を確保することで生活が安定し、ひいては再犯の防止を図ることです。コレワークは三つの業務を行っています。

一つ目は「矯正施設検索サービス」です。コレワークでは全国の矯正施設被収容者の職歴、資格、帰住予定地等の情報を一括して管理し、企業の相談に応じて、希望に適合する者がいる矯正施設の情報を提供します。このサービスにより、求人に対する求職のマッチングを地域限定ではなく、全国的に行えるようになりました。

図23　矯正就労支援情報センター（コレワーク）

～受刑者・在院者の雇用を希望される企業等を支援し、
再犯防止の実現を目指します～

矯正施設
検索サービス

○全国の受刑者等の情報を一括管理
○求人企業等の雇用ニーズにマッチする矯正施設を素早くご案内

採用面接等
支援サービス

○求人企業等の矯正施設での一連の採用手続を幅広くトータルにサポート

就労支援
相談窓口機能

○求人企業等に対する支援制度のご案内
○求人企業等に対する矯正施設見学会、矯正展、職業訓練見学会のご案内

東日本矯正就労支援情報センター
（北海道、東北、関東及び東海・北陸地区担当）
【所在地】さいたま市中央区新都心 2-1
さいたま新都心合同庁舎 2 号館 1 階

西日本矯正就労支援情報センター
（近畿、中国、四国及び九州地区担当）
【所在地】大阪市中央区大手前 4-1-67
大阪合同庁舎第 2 号館本館 4 階

二つ目は「採用面接等支援サービス」です。採用に向けた手続きの中で、企業の負担を軽減するために、書類提出の仲介や採用面接の日程調整など、幅広く企業をサポートしています。

三つ目は「就労支援相談窓口機能」です。企業の問い合わせに応じ、就労支援制度の案内をするほか、矯正の実情を知ってもらうために、矯正施設やそこで行われている職業訓練の見学会、矯正展の案内など各種の広報活動を行っています。

この取組みを始めてほぼ一年（二〇一七〔平成二九〕年一〇月二五日現在）の段階で、内定者が東日本で三九件、西日本で四九件、計八八件となっています。いささか期待外れの感があります。

それでは、なぜ内定者が少なかったのでしょうか。コレワークは全国で二か所ありますが、一か所当たりの職員が五～六人と少なく、全国の矯正施設をカバーするには組織として脆弱でした。そこにすべての情報を集約するため、書類提出の仲介や面接の日程調整など業務が膨大になり、対応できなかったのではないでしょうか。企業への情報提供だけに専念し、あとは現場施設での対応に任せるべきではなかったのかと思います。先に説明した日本財団職親プロジェクトも同様ですが、矯正は制度を厳格に規定することにより、柔軟性や即応性が失われ、小さくまとまりすぎた事業を作りがちです。就労支援はチャンネルが多い方がよく、より多くの被収容者にチャンスを与えることができます。

直近のデータ（二〇一九〔平成三一〕年度末）では、年間内定件数三四九件、三年間の累計内定件数五四〇件とその活躍の場を広げつつあります。柔軟な対応で一人でも多くの内定者を出すことを期待しています。

●中間施設の促進

施設内処遇から社会に移す前に、中間施設を作って、そこで就労のための準備を行おうという動きがあります。更生保護施設の新設は難しいので、自立準備ホームを設立し、そこを就労支援センターとして使用するもの。いわゆるソーシャルファームを実現しようという動きです。

私が取組み、いまだ実現していない案件があります。島根あさひ社会復帰促進センターがある浜田市旭町には、廃校となった小学校があるのですが、それを改築して、自立準備ホームを作る計画があります。施設改修費は県に二分の一を、協力企業に二分の一を負担していただき、矯正ＯＢが設立した更生支援事業団が運営するという構想です。地元企業や島根県立大学と提携し、ソーシャルファームとしての作業内容を検討しています。このような動きは、すでに新潟の「自立準備ホーム日常塾」で行っており、棚田でコシヒカリを作っています（図24）。

イタリアのボラーテ刑務所の取組み

二〇一七（平成二九）年三月、「イタリアのボラーテ刑務所の取組み――ソーシャルファーム

図24　自立準備ホームと就労支援センター

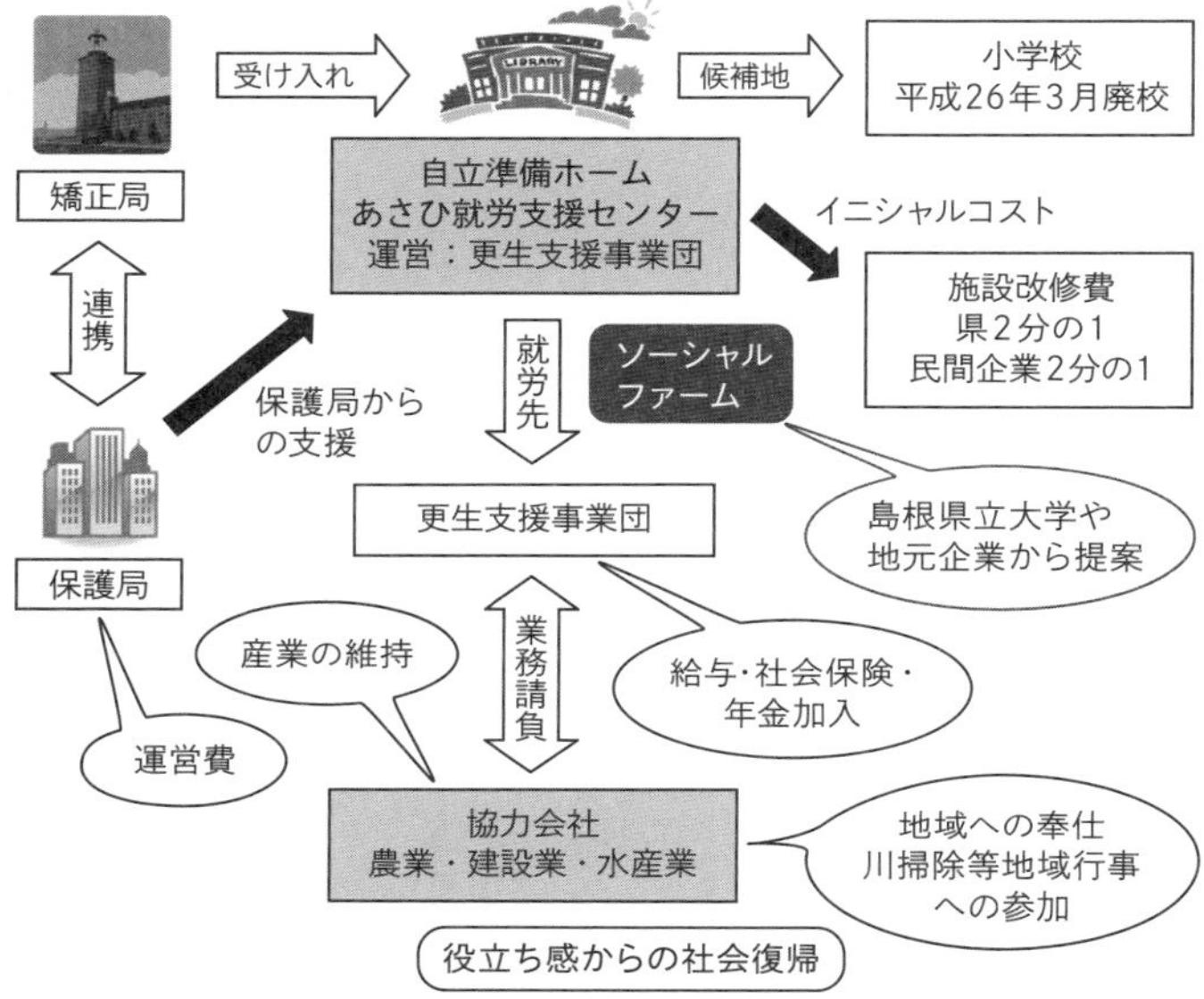

を活用した社会復帰」という講演会に参加する機会がありました。その内容は次のとおりです。

イタリアは経済不況下にあり、企業のリストラが進んでいる中で、ソーシャルファーム、社会共同組合が雇用を伸ばし続けています。ソーシャルファームは単に社会的に困難を抱えている者に雇用の機会を与えるだけでなく、ソーシャルファームのネットワーキングによって、地域の人々、地方自治体、企業やさまざまな非営利団体がつながっていきます。相互の信頼関係や協力関係が向上することで、ソーシャル・インクルージョン（社会的包摂）が促進されていくのです。

ボラーテ刑務所の改革は、そうしたソーシャルファームや地域の人々が刑務所の活動に関わることで、受刑者の社会への再統合が促進され、再犯率が六〇％から一八％へ減少したということです。

これを促進するためには、刑務所が社会に開かれた、より社会に近い存在になる必要があります。刑務所が受刑者の自律性を尊重し、受刑者が成長できる場所に変わらなければなりません。そのために、刑務所の処遇を型にはめて管理するのではなく、受刑者の自主性を促進するものに替われるよう、意識改革（刑務官も受刑者の更生支援に積極的に関わる）が行われる必要があります。島根あさひ社会復帰促進センターで目指しているものは、まさしくこのことなのです。したがって、この地にソーシャルファームを作れば、相互連携ができ、再犯防止の取組みが格段に進むと思われます。

かつて、中間処遇制度を検討したことがあります。①受刑者の引受調整が整わず（引受人が見つからない）、仮釈放できない者の処遇施設、②仮釈放にした後、矯正により密度の濃い処遇をする施設、③満期釈放にした後、保護し、矯正により密度の濃い処遇をする施設、④刑務所収容の代替としての週末拘禁、夜間拘禁施設などを考えましたが、更生保護施設と重複することや立法が必要なことから断念しました。

諸外国の中間処遇制度

では、諸外国の中間処遇制度はどのようなものがあるのでしょうか。

イギリスには認可住居があります。認可住居とは、内務省保護観察局所管の刑事施設であり、犯罪者の再犯を減らし、社会復帰を促進することで、公衆を保護することを目的にしています。住居制限を伴う仮釈放者、社会内処遇命令に服している者等を、評価及び監督のために住まわせており、施設は国の不動産の一部です。保護観察局、ボランティア又は民間により運営されています。

アメリカには社会内矯正センター、包括的制裁センター及びデイ・リポーティング・センターがあります。社会内矯正センターは、拘禁刑に服した後、社会内拘禁に付された被収容者の社会復帰を促進するため、一定期間、その者を収容し、就職支援、薬物乱用治療、カウンセリング、住居の確保、その他のサービスを提供する施設です。同センターの運営は、入札により連邦行刑局と契約した事業者が実施しています。

包括的制裁センターは、連邦行刑局が連邦保護局と受託契約者との提携により、犯罪者の個別ニーズに応じた個別的社会内プログラムを計画し、発展させ、実施を促すために設立されました。社会内処遇対象者に薬物乱用教育を含む集中的処遇、生活技術トレーニング、精神医療カウンセリング、教育、就職支援、監視等を実施しています。

デイ・リポーティング・センターは、監視・科罰・サービス（カウンセリング、教育、職業紹介支援）を用いた、高度に組織化された非居住型プログラムと定義されています。保護観察対象者、刑事施設からの早期釈放者等が仕事を継続しつつ、処遇を受けることができます。拘束的制裁が付与されていますが、社会復帰的効果を伴います。デイ・リポーティング・センターは、ハーフウェイハウス（居住的社会内処遇センター）や外部通勤施設のような居住的矯正施設において運営されていることが多いのですが、拘置所、各種処遇プログラム等を含む政府・公的・私的機関によって広範に運営されています。

カナダは社会内居住施設があります。連邦矯正保護局が監督下に置いているハーフウェイハウスで、同行戒護の付かない一時外出、昼間仮釈放、全面的仮釈放及び法定釈放を受けた（＊45）受刑者で居住指定を受けた者等を収容しています。二四時間の監督と社会復帰を促進するために、一般的なカウンセリングをはじめ、各種処遇プログラムを備えています。社会内居住施設には、連邦矯正保護局によって運営されている社会内処遇センターと、民間団体が運営し、契約により必要なベッド数を矯正保護局が利用する社会内居住センターがあります。

法制度が違うので、一概に比較はできませんが、日本でも中間処遇制度を整理し、何が必要

＊45　刑期の三分の二の服役時点で自動的に釈放。

で大切なのかを考えるべきです。

◉高齢受刑者の処遇と再犯防止

日本社会の高齢化に伴い、受刑者の高齢化も進んでいます。

一九九八（平成一〇）年以降の高齢者（六五歳以上）の入所受刑者の人員を見ると増加傾向にあり、二〇一七（平成二九）年は総数二二七八人、女性が三七三人です。一九九八（平成一〇）年と比較すると、総数では三・三倍、女性では八・五倍に増加しています。特に、七〇歳以上の女性の入所受刑者が増加しており、二〇一七（平成二二）年以降は六五～六九歳の人員を一貫して上回っています。二〇一七（平成二九）年は一九九八（平成一〇）年の約一二・三倍でした。

入所受刑者に占める高齢者の比率もほぼ一貫して上昇しており、特に女性はその傾向が顕著です。二〇一七（平成二九）年は総数が一一・八％、女性が一九・七％ですが、一九九八（平成一〇）年と比べると、総数は八・八ポイント、女性は一六・〇ポイントといずれも上昇しています（図25）。

高齢者の入所受刑者の罪名別構成比を見ると、男性高齢者は窃盗の割合が最も高く、次いで覚せい剤取締法違反、詐欺の順で一般受刑者と変わらない状況です。女性高齢者は窃盗の割合が六五～六九歳で八割、七〇歳以上で約九割と際立って高くなっています（図26）。

図25　高齢受刑者数の推移と認知症

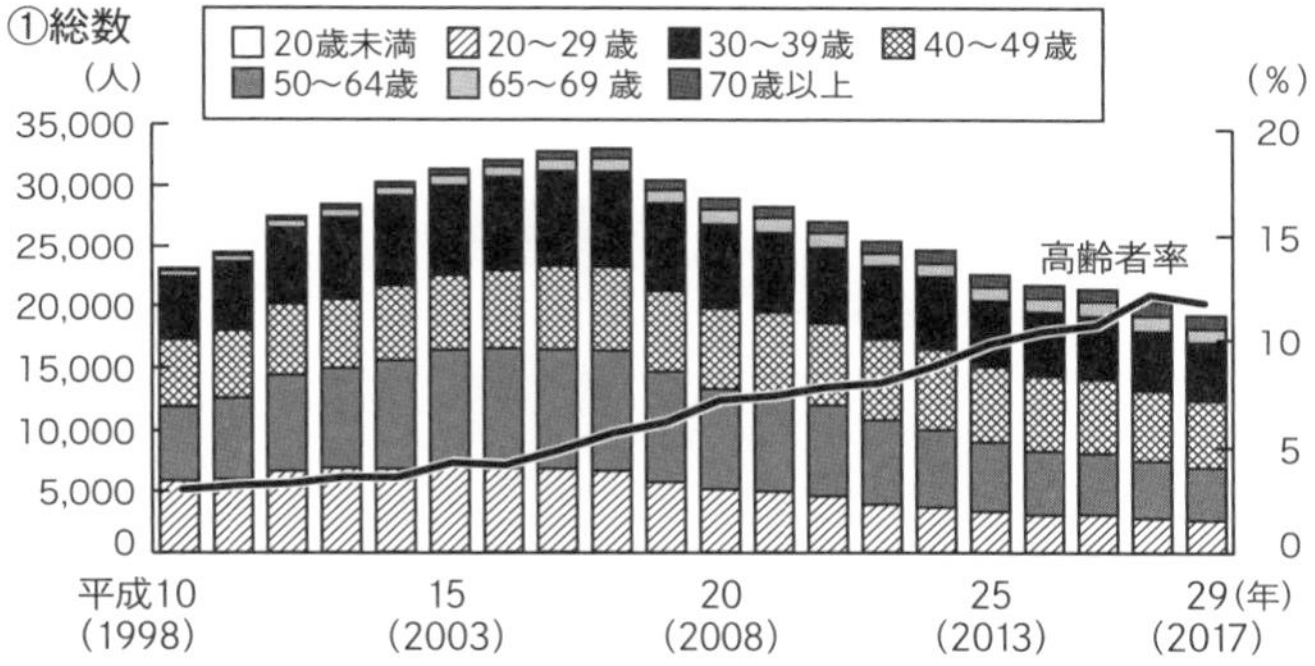

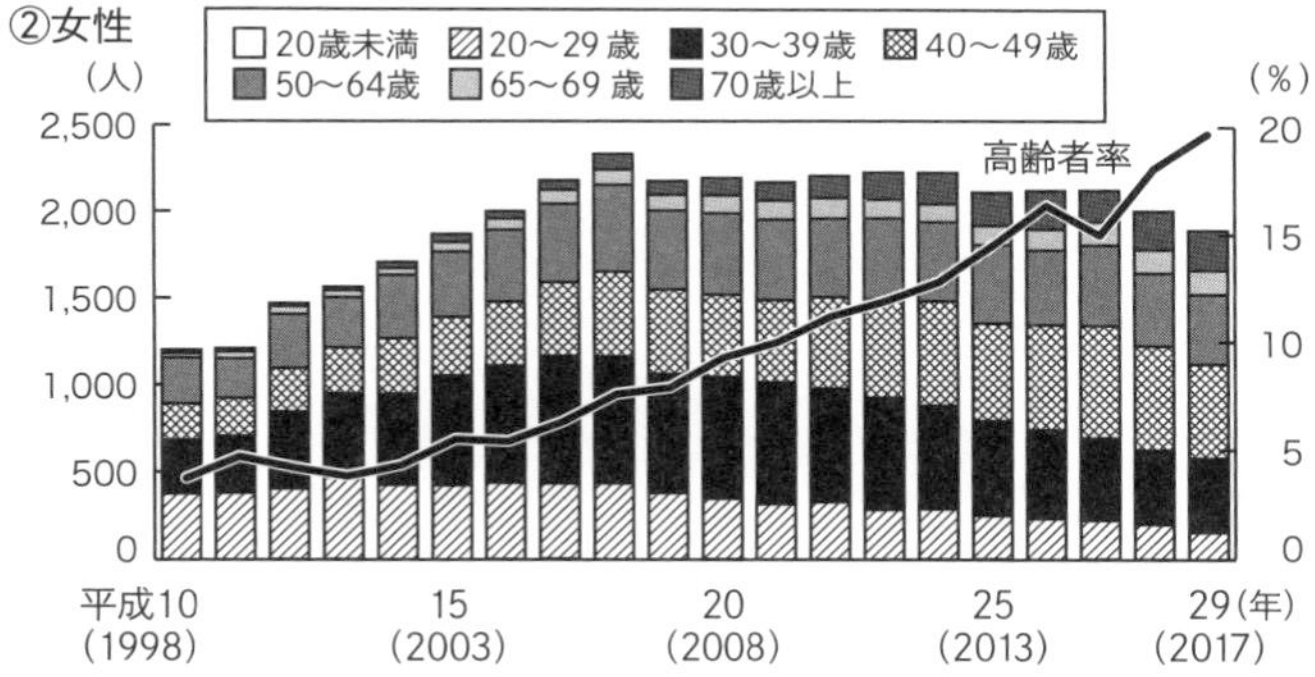

注）1　法務省大臣官房司法法制部の資料による。
　　2　入所時の年齢による。
　　3　「高齢者率」は、入所受刑者総数及び女性の入所受刑者に占める高齢者の比率をいう。

出典：「平成30年版　犯罪白書」

60歳以上の受刑者で認知症傾向のある者は、おおよそ14%
　→おおよそ1,300人いると推計
65歳以上の受刑者で認知症傾向のある者は、おおよそ17%
　→おおよそ1,100人いると推計

※平成26年12月31日時点での上記年齢の対象受刑者に対して、HDS-R（改訂長谷川式簡易知能評価スケール）を実施し、30点満点で、20点以下で認知症が疑われるとした。

図26　高齢入所受刑者の罪名別構成比（2017〔平成29〕年）

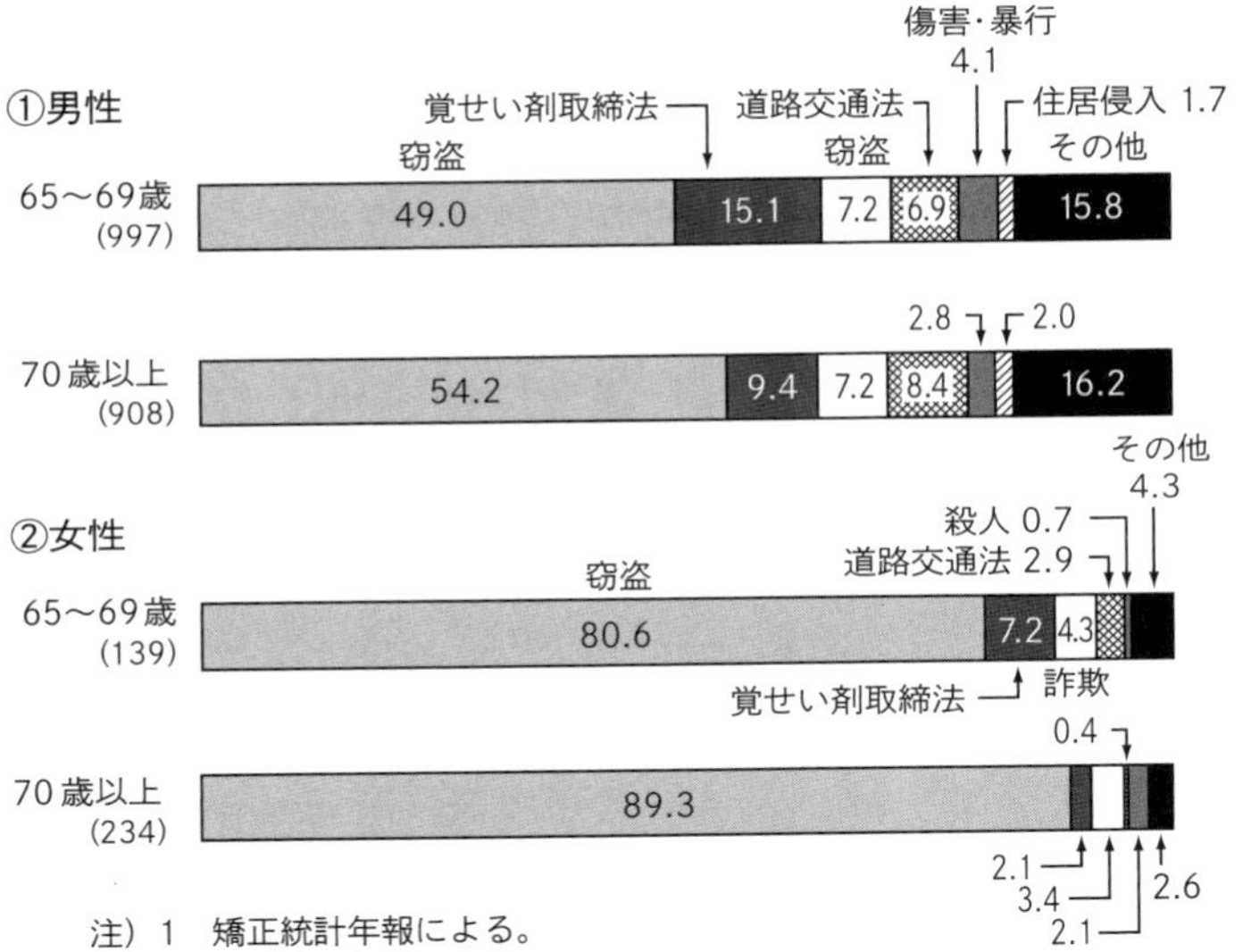

注）1　矯正統計年報による。
　　2　入所時の年齢による。
　　3　（　）内は、実人員である。

出典：「平成30年版　犯罪白書」

また、高齢受刑者の大きな問題として認知症があります。二〇一四（平成二六）年一二月三一日時点の六〇歳以上の対象受刑者に対して、HDS―R（改訂長谷川式簡易知能評価スケール）を実施し、三〇点満点で、二〇点以下で認知症が疑われるとしました。その結果、六五歳以上の受刑者で認知症傾向のある者はおおよそ一七％で、一一〇〇人いると推計されています。当時、私は府中刑務所長でしたので、府中刑務所でも二〇一四（平成二六）年度に入所した者に検査したところ、六五歳以上の受刑者のうち、一七％が認知症と認定されました。これらの者をどう処遇していくかが大きな問題です。

高齢受刑者の処遇など

高齢受刑者の再犯防止について語る前に、高齢受刑者の刑務所内の処遇について説明します。認知症の者を単独室に収容していると、認知症がどんどん深まり、時には「暴力的」になっていきます。ですから、刑務所ではそういう者を集団の中で処遇しています。認知症の詳しい医師が府中刑務所を参観に来ましたが、病院では昼間は集団で処遇し、夜間は他の者に危害を与えるおそれがあるため、単独室で処遇しているとのことでした。刑務所では二四時間監視しているので、共同室に収容しています。ただし、昼間の一般工場では就業時間が八時間となっていることや一般受刑者の行動についていけないことから、養護工場を作り、就業時間を六時間にして、軽作業を実施しています。

設備面での充実も急務であり、和式便所から洋式便所への改修、車椅子の台数の確保、車椅子での移動に配慮した通路等のバリアフリー化、高齢受刑者用入浴場の整備（段差を少なく、滑りづらい床面にする。刑務官がより近い場所で戒護できるなど）を行っています。人的充実策として、専門スタッフ（介護福祉士等）の配置、介助係を健常な受刑者が行っている施設が多いですが、介護の専門的知識と技術が必要であるため、介護福祉科の職業訓練を立上げ、同訓練を修了した者に実習訓練を積ませる取組みも必要です。

また、刑務官の意識を高揚させる取組みも必要であり、「認知症の理解と対応」「特別調整の現状」等の研修会を実施するとともに、実際に特別老人ホームで高齢者の介護等の実務研修を実施しました。

高齢者に対する改善指導としては、高齢受刑者の出所後の社会的自立を促し、再犯を防止するため、一般改善指導として社会復帰支援指導を実施しています。この指導は、教育部職員、養護工場担当刑務官、外部協力者が実施担当者となり、①経済的自立支援、②身体的自立支援、③精神的自立支援を三つの柱として実施するものです。しかし、高齢受刑者が出所後自立して生活するのは、なかなか難しい状況です。

特別調整の増加

特別調整（高齢者又は心身に障碍等がある受刑者を福祉につなぐ制度）については、二〇〇九（平成二一）年に創設され、各地に地域生活定着支援センター（*46）が設置されました。東京都では、二〇一一（平成二三）年五月に東京都地域生活定着支援センターの運営が開始されました。特別調整が必要な者は右肩上がりで増えており、二〇一五（平成二七）年は六五歳以上の高齢者の六割が特別調整を必要とする者になりました。また、高齢者については、身体障碍や精神障碍（認知症等）をあわせ持つことが多く、調整に時間を要することになります。その他、府中刑務所福祉職（福祉専門官、社会福祉士、精神保健士）の独自の調整により帰住先を確保しています。

このように特別調整、独自調整ともに、福祉支援の必要な者は増加していますが、支援の必要性を理解させるのが一苦労です（特に認知症傾向のある者）。しかも、福祉の必要性を理解させて同意を得ても、調整の途中で、飲酒禁止だとか、生活保護費を施設が管理するといった施設の条件・制約がわかるにつれて、同意を覆す者がいます。

その一方、当初は福祉支援を拒否していながら、出所が近づいてくると、出所後の生活への不安から急に支援を求めてくる者もいます。対象者が増加する中で、対象者一人ひとりに応じた支援を提供することは、簡単ではないのが実情です。

＊46　地域生活定着支援センターは、高齢又は障碍を有するため、福祉的な支援を必要とする矯正施設退所者について、退所後直ちに福祉サービスなどにつなげるために設置された支援機関である。現在、各都道府県に一か所ずつ（北海道は二か所）設置され、各都道府県から事業主体が受託して運営されている。事業の受託主体はＮＰＯ法人、社会福祉協議会、社会福祉士会などである。

第三部
刑事施設の問題点とその改善策

◉刑務作業偏重の処遇

現在、刑事施設内の処遇は刑務作業偏重と言えます。刑務作業は、①規律正しい勤労生活を行わせる、②心身の健康を維持する、③勤労心を養成する、④規律ある生活態度及び規律順守の精神をかん養する、⑤共同生活における自己の役割と責任を助長する、⑥職業的技能及び知識を付与する等の機能を有しています。

一番の利点は少数の刑務官で多数の受刑者を管理でき、刑務所運営上、有効な方法です。また、刑罰自体が所定の作業を行わせることと規定されており、大義名分があることから、この処遇を推し進めやすいと言えます。かつては刑務所作業収入が年間一八〇億円ほどあり、受刑者の食糧費より多く、自給自足の原則も果たしていました（図27）。

しかし、刑務作業は作業量を確保する観点から、内職のような作業が主流を占め、出所後、

図27　刑務作業偏重の処遇

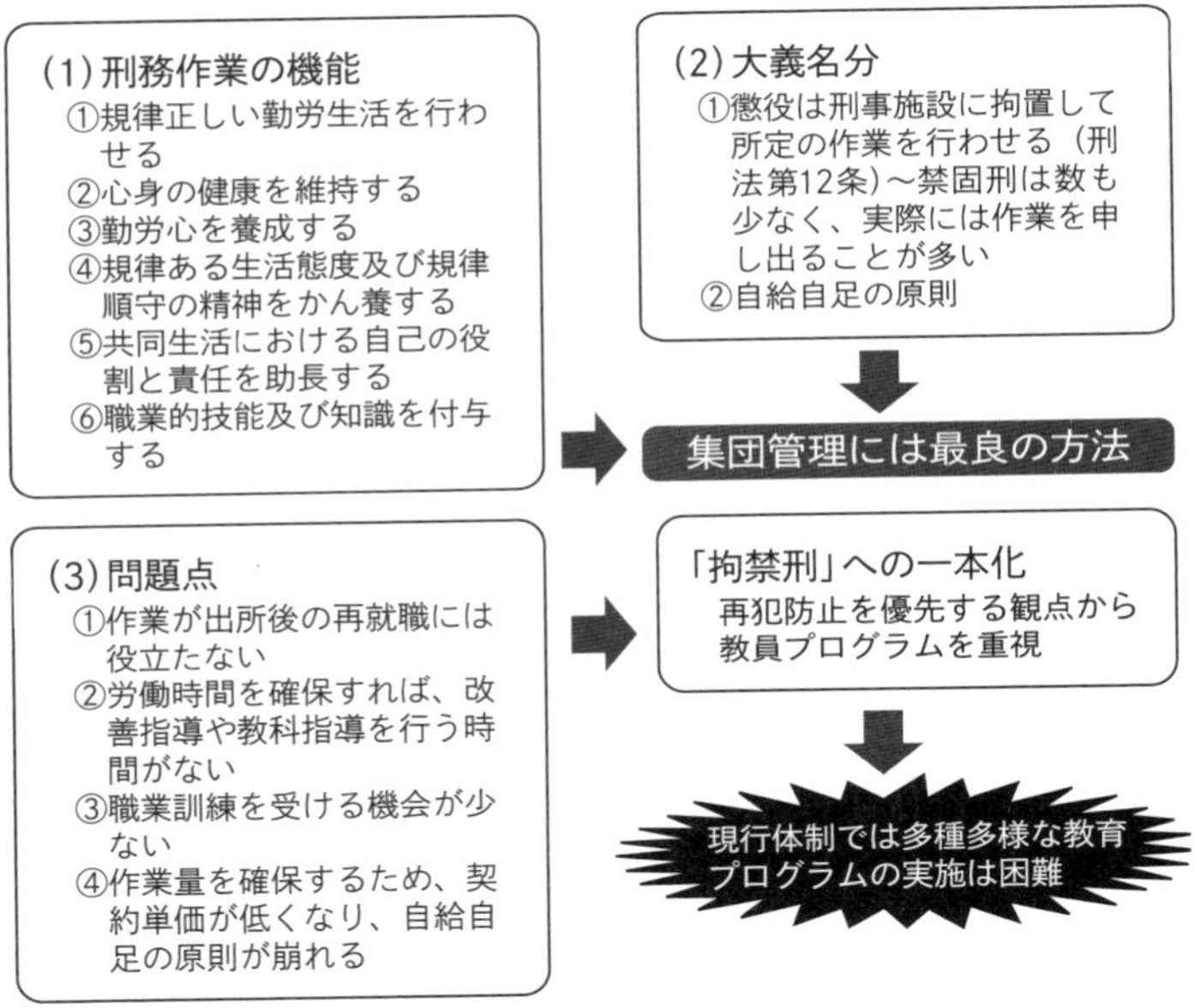
(1) 刑務作業の機能
①規律正しい勤労生活を行わせる
②心身の健康を維持する
③勤労心を養成する
④規律ある生活態度及び規律順守の精神をかん養する
⑤共同生活における自己の役割と責任を助長する
⑥職業的技能及び知識を付与する
(2) 大義名分
①懲役は刑事施設に拘置して所定の作業を行わせる（刑法第12条）〜禁固刑は数も少なく、実際には作業を申し出ることが多い
②自給自足の原則
集団管理には最良の方法
(3) 問題点
①作業が出所後の再就職には役立たない
②労働時間を確保すれば、改善指導や教科指導を行う時間がない
③職業訓練を受ける機会が少ない
④作業量を確保するため、契約単価が低くなり、自給自足の原則が崩れる
「拘禁刑」への一本化
再犯防止を優先する観点から教員プログラムを重視
現行体制では多種多様な教育プログラムの実施は困難

刑務作業を活かした就職は困難な状況です。また、一日八時間の労働時間を確保するためには、改善指導や教科指導を行う時間が不足することになります。その結果、指導の拡大を妨げる要因になっています。自給自足の原則も契約単価が低すぎるため、約五〇億円程度の収入しか見込めない状況です。

このような状況の中、法務省は少年法の適応年齢を「二〇歳未満」から「一八歳未満」に引き下げることを検討しています。この議論の中で、少年法の対象から外れる一八〜一九歳の若年者を今の成人と同様に扱った場合、これまで少年院で行ってきた矯正教育が施せなくなるという問題が引き起こされます。このため、刑法で規定している懲役刑と禁固刑を拘禁刑に一本化させるとともに、若年の受刑者を主な対象として教育的処遇を重点的に行う「教育刑」を新設することを検討しています。

現在、法務大臣の諮問機関である「法制審議会」で議論されています。「教育刑」が重視されることになると、現行の教育体制ではその実施が困難になる等、賛否両論の意見があります。私個人の意見は、施設内処遇の実態は再犯防止という観点では不十分で、法律に教育刑の条文を明記されることによって、さらに再犯防止の取組みが進むと思います。

◉職業訓練の充実拡大

職業訓練の実態ですが、二〇一三（平成二五）年の職業訓練修了者は九九七六人ですが、ＰＦＩ施設等を除くと二五六〇人と、ごく限られた受刑者しか受講できない状況です。出所した受刑者のうち、職業訓練を修了した者は僅か六～七％です。また、職業訓練を受けたものの再犯した者のうち、六三％が無職だったという統計データがあります。出所した後の職業として、職業訓練を活かすことができなかったと言えるかもしれません。

しかし、職業訓練を受け、資格を取得した者が、その資格を活かして就職はしていないが、再犯率が低いという統計データもあります。これは資格取得の意欲が社会生活に役立っている

図28　職業訓練の充実拡大

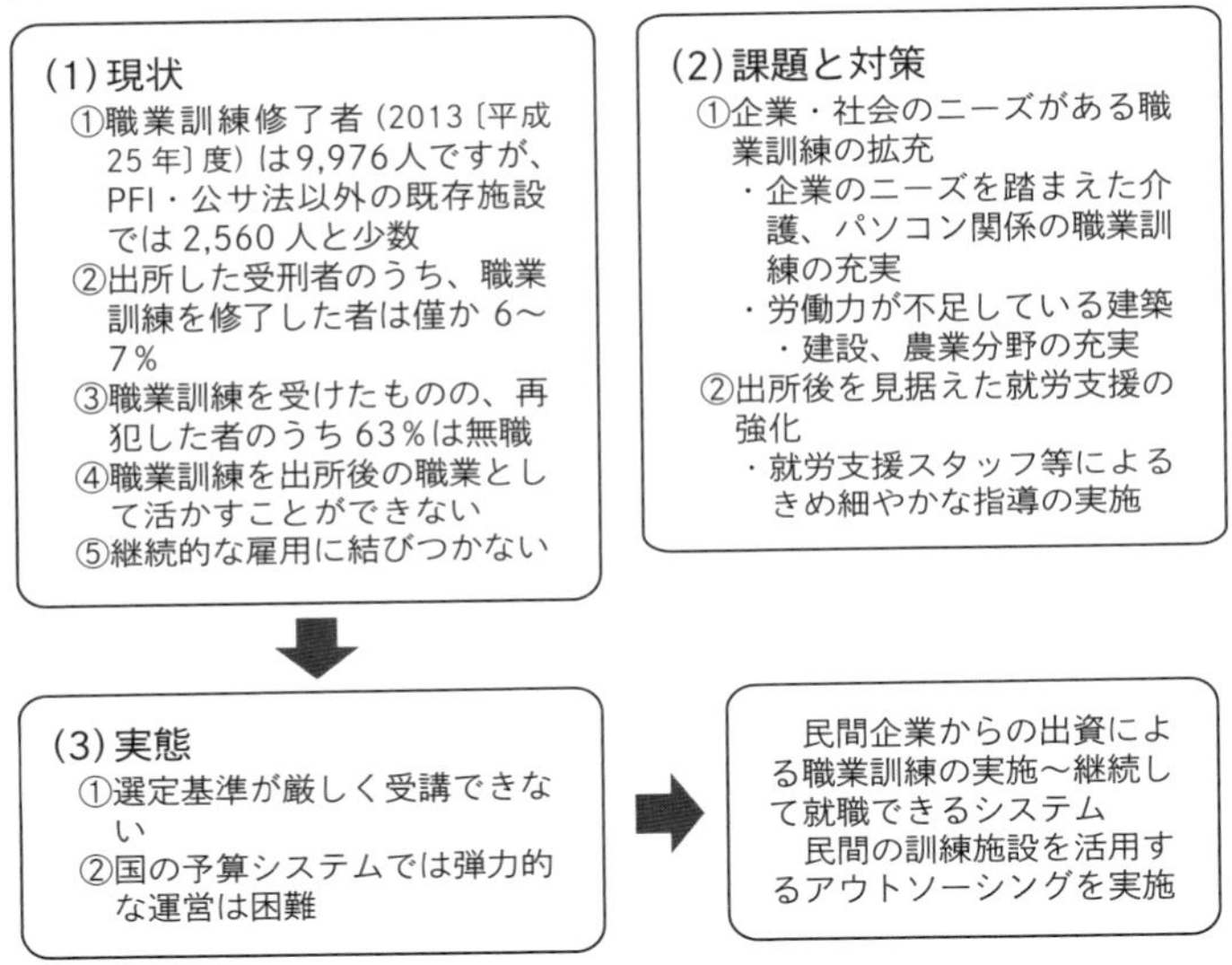
(1) 現状
①職業訓練修了者（2013〔平成25年〕度）は9,976人ですが、PFI・公サ法以外の既存施設では2,560人と少数
②出所した受刑者のうち、職業訓練を修了した者は僅か6〜7％
③職業訓練を受けたものの、再犯した者のうち63％は無職
④職業訓練を出所後の職業として活かすことができない
⑤継続的な雇用に結びつかない
(2) 課題と対策
①企業・社会のニーズがある職業訓練の拡充
・企業のニーズを踏まえた介護、パソコン関係の職業訓練の充実
・労働力が不足している建築・建設、農業分野の充実
②出所後を見据えた就労支援の強化
・就労支援スタッフ等によるきめ細やかな指導の実施
(3) 実態
①選定基準が厳しく受講できない
②国の予算システムでは弾力的な運営は困難
民間企業からの出資による職業訓練の実施〜継続して就職できるシステム
民間の訓練施設を活用するアウトソーシングを実施

のではないかと思います（図28）。

大河ドラマ「花燃ゆ」には、西南戦争の反乱軍の生き残りたちが国事犯として裁判にかけられ、そのほとんどが「囚人」となるシーンがありました。楫《か》取素彦《とりもとひこ》が県令を務める群馬県には、合計で八八人が「囚人」として送られてきたそうです。そのドラマでは、群馬県は「囚人」たちをただ労役に就かせるのではでなく、仕事を与え、職業訓練をさせるという試みを始めたとありました。

このように今も昔も職業訓練は、受刑者の社会復帰のためには有効な手段です。職業訓練の充実、拡大が望まれ、時代に即応した訓練種目を選定する必要があります。しかし、経費の制約や訓練生の選定に苦慮しているのが現状です。

そこで、職業訓練を単なる資格取得の場ではなく、社会で通用する技能、技術を取得する場とするため、実習の場を設けるべきだと思います。また、費用対効果を考えると、訓練種目のスクラップアンドビルドの活発化、指標別訓練センターの設置等の集約化、民間企業からの出資による職業訓練の実施、民間の訓練施設を活用するアウトソーシング等、あらゆる手段を活用して職業訓練の拡充を行う必要があります。柔軟な発想の転換が必要で、発想の転換には「大の大人が夢を見て何が悪い！」の下町ロケット（＊47）張りの思いと、「現実という名の妥協」に流されない意志が大切です。

●旧態依然の改善指導

改善指導については全受刑者を対象とする一般改善指導と、個々の問題性や犯罪の特性に応じた特別改善指導があります。特別改善指導は六類型の標準プログラムが定められていますが、一九九〇（平成二）年から実施している処遇類型別指導の域を出ません。また、薬物事犯等対象受刑者が多いため、受講できない者が多い状況です。プログラムの効果検証についても、

＊47　池井戸潤による小説及びシリーズ。これを原作にテレビドラマ化・ラジオドラマ化された。

図29　刑務作業偏重の処遇

(1) 一般改善指導
①全受刑者を対処とする
②講話、体育、行事、相談助言等
③受刑者がもつ問題性に着目し、それを克服するためのプログラムではない
④実施頻度が少ない

(2) 特別改善指導
①犯罪類型に応じた改善指導
②6 類型の標準プログラムが定められ実施〜処遇類型別指導の域を出ない
③対象受刑者が多いが、受講できる人数が少ない

(3) 問題点と対策
①プログラムの効果検証が不十分
②個別的な問題状況に対応できる改善指導プログラムの策定
③職員、外部専門家の確保
④社会内処遇につなげるプログラムの策定や指導の連続性

○心理療法の効果は、
・40％はクライエントの自我の強さや環境など、心理療法以外の要素
・30％は治療者とクライエントとの関係の要素
・15％は心理療法の技法の要素
・15％はクライエントの期待の要素
と結論づけている。

二〇一〇（平成二二）年から実施していますが、性犯罪再犯防止指導の効果を検証する報告がなされているだけで、他のプログラムはまったく報告されていません。

また、一般改善指導もひどい状況で、全体的講話、体育、行事等で済まされています（図29）。入所する受刑者の中で一番多い犯罪の窃盗についても、各刑務所の取組みに任せており、標準プログラムの策定すら終わっていない状況です。

これを解消するためには、マンパワーが不可欠で、職員、外部専門家の確保が必要です。大学との共同研究等を利用した形での矯正処遇や、プログラムごとに民間企業に委託するなど思い切った施策が必要ではないかと思います。さらに、社会内処遇に

つながるプログラムの策定や指導の連続性が、今後重要になってきます。

◉受刑者にどう働きかけるか

そこで、再犯防止に向けた介入として、受刑者の何に、どう働きかけるのが効果的なのかを考えてみます。

欧米では、犯罪者の改善プログラムが多数実施されています。犯罪者が罪を犯すのを回避するには、犯罪者に問題解決能力を身に付けさせ、認知の固さ（＊48）や衝動性を低減させます。そうすると、犯罪以外の行動を選択できるようになり、社会復帰がスムーズになると考えられています。そのための効果的なプログラムとして、①多様な処遇要素を活用し、スキル開発に重点を置いたもの、②認知行動療法など行動科学的方法を活用したもの、③処遇担当者と処遇参加者が意味のある接触を十分行っているもの等があります。

現在、矯正では認知行動療法が、魔法の手法のように活用されていますが、それ以外にもナ

＊48　認知とは、人間などが外界にある対象を知覚した上で、それが何であるかを判断したり、解釈したりする過程のことである。認知の固さは、いったん覚えた方法や定着したイメージを状況が変わっても変えないことである。

ラティブアプローチという技法も使われています。自分自身、自分の価値観、周囲との関係、犯罪行為の「振り返りと語り」を行い、その人の物語る人生観、価値観に焦点を当て、新しい生き方を見出す手法です。認知行動療法は科学的な結果が出やすいのですが、犯罪者の特性によってはなじまない者がいるので、島根あさひ社会復帰促進センターでは両方の手法を使い分けています。

また、心理療法(＊49)の効果検証において、興味深い研究報告があります。ランバート(Lambert. M.J. 1992) は多くの心理療法の効果検証の成果に基づき、四〇%はクライエントの自我の強さや環境などの心理療法以外の要素、三〇%は治療者とクライエントとの関係の要素、一五%は心理療法の技法の要素(プログラムの成熟度や治療者の力量)、一五%はクライエントの期待の要素と結論づけています。

職員と受刑者の関係は非常に難しいものがあります。信頼関係を得ることは容易ではありません。受刑者の中には性犯罪者もおり、女性職員に対して「異常な感情」を持つ者もいます。また、面接した女性職員を告訴して、名前を聞き出し、そこから住民票を取り寄せ、出所後に付きまとう者等もおり、その関係には細心の注意を払う必要があります。

前述の「技法の要素」についてはプログラムの効果検証を行っていますが、なかなか進まない状況です。どんなに優れた改善指導プログラムでも、本人に改善更生意欲がないと効果は上がりません。私は職員に対して、「手を差し伸べて、握り返したら、引き上げてやりなさい」と指導してきました。

＊49　心理的な手法を用いて、さまざまな心理的問題に対し、改善のための援助をすることを指す。心因性の精神異常者は人間関係から生じることがほとんどなので、治療者と患者との面接が主になる。しかし、催眠療法、心理劇、行動療法など特殊な理論と技術を用いるものも広く心理療法と呼ばれる。

第四部
今後の再犯防止のあり方

◉ソーシャル・インクルージョン（社会的包摂）の理念

従来、ハンディキャップを持った人に対する社会復帰は、ノーマライゼーションの理念であり、物理的、心理的バリアを取り除いて、地域社会生活を可能にしようという動きでした。わかりやすく言うと、道路の段差を解消するとか、建物にエレベータを設置するなどです。しかし、本当に大切なのは「人の手によるちょっとした手助け」ではないかということです。道路の段差で困っている人がいれば、手を貸してあげる、そういうささいな手助けが必要です。

受刑者の社会復帰に置き換えて考えると、ただ仕事を与えるだけでは不十分です。仕事を通して人と人とのつながりを作らなければ、仕事を続けることはできません。社会内で就労と教育の機会を与えることによって、社会的排除や孤立、貧困から救うことができると考えています。

このソーシャル・インクルージョン（社会的包摂）の考え方（図30）は、日本社会では育たな

図30　ソーシャル・インクルージョンの理念

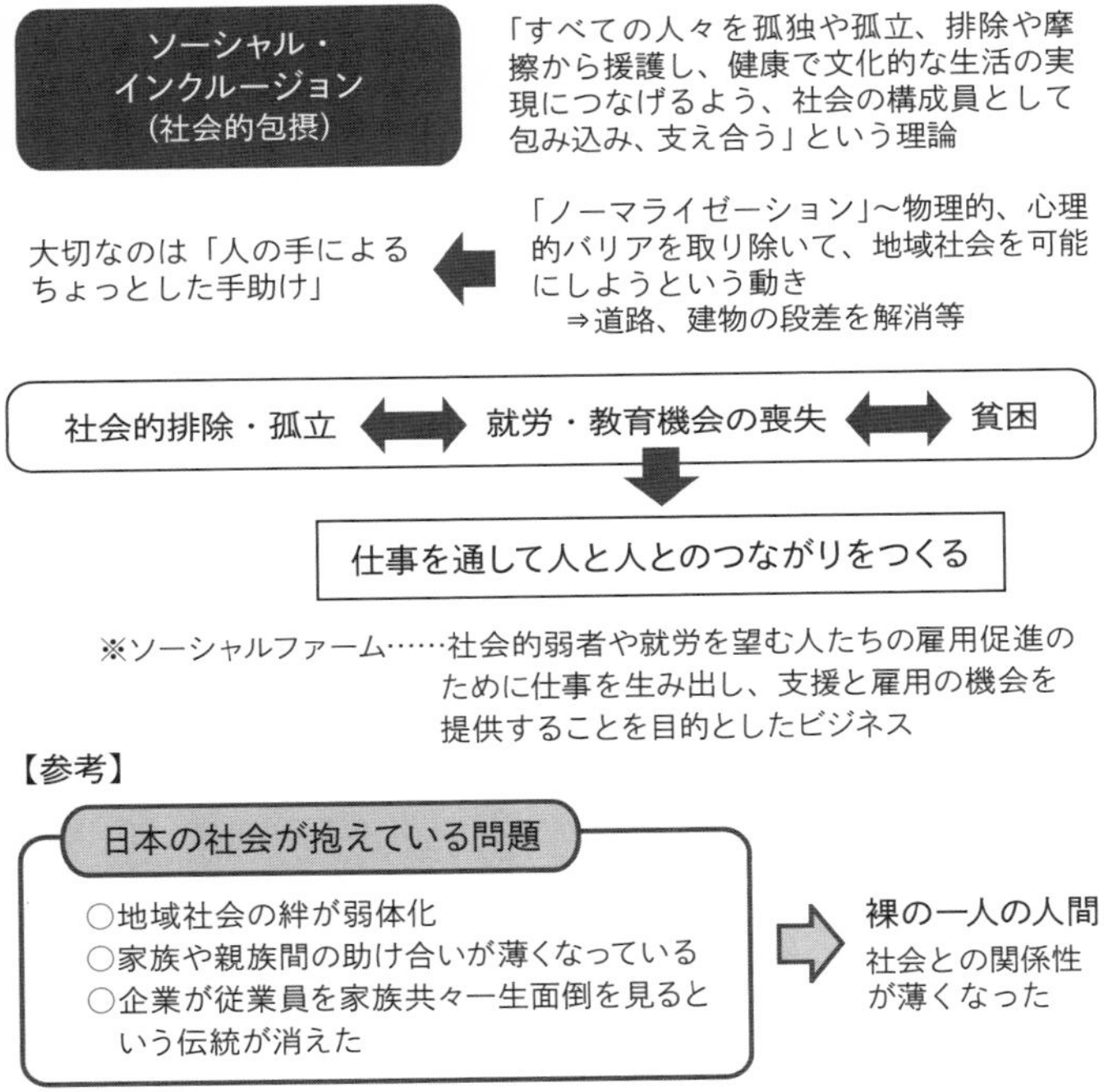
ソーシャル・インクルージョン（社会的包摂）
「すべての人々を孤独や孤立、排除や摩擦から援護し、健康で文化的な生活の実現につなげるよう、社会の構成員として包み込み、支え合う」という理論
「ノーマライゼーション」〜物理的、心理的バリアを取り除いて、地域社会を可能にしようという動き
⇒道路、建物の段差を解消等
大切なのは「人の手によるちょっとした手助け」
社会的排除・孤立
就労・教育機会の喪失
貧困
仕事を通して人と人とのつながりをつくる
※ソーシャルファーム……社会的弱者や就労を望む人たちの雇用促進のために仕事を生み出し、支援と雇用の機会を提供することを目的としたビジネス
【参考】
日本の社会が抱えている問題
○地域社会の絆が弱体化
○家族や親族間の助け合いが薄くなっている
○企業が従業員を家族共々一生面倒を見るという伝統が消えた
裸の一人の人間
社会との関係性が薄くなった

いと言われてきました。かつて、日本の地域社会は強い絆で結ばれており、家族、親族、地域、企業はそれぞれが犯罪者を出さない組織でした。しかし、一度犯罪者になると、それらの組織に戻ることはなく、孤立してしまうのです。これは日本が犯罪の少ない国であり、犯罪者を「特別な人種」と見ているからかもしれません。現在は、地域社会が弱体化し、家族、親族、地域、企業間の助け合いがまったくなくなってしまったので

はないかと思います。犯罪者が帰りたくても、その地域社会が存在しなくなっています。経済的格差が生んだ貧困が原因かもしれません。

再犯防止には、出所者を社会に受け入れる受け皿が必要です。

◉地域参加型矯正処遇の創造

今までの刑務所の運営は、受刑者に関する個人情報の取扱いや施設の保安管理運営面を理由として、「密行主義」が採用されていました。また、刑務所の設置目的の一つが、犯罪者の社会からの隔離であり、社会と隔てることになる「外塀」に囲まれ、施設内では職員と受刑者のみが対峙する構造が構築されました。

このような閉鎖性を伴う施設構造は、「刑務所社会」と呼ばれる独自の社会や文化を形成することとなります。その「刑務所社会」は基本法である監獄法（現在は、刑事収容施設及び被収容者等の処遇に関する法律）のもと、表面的には安定し、長期間に渡って推移してきたのです。

刑務所の存在は、社会や国民の目には触れられません。社会的に必要とされるものの、市民には関わりがないものとして、身近にない方が良いという刑務所の姿が作られたのです。当然、このような状況下では、地域住民にとって収容されている受刑者は特殊な存在であり、受け入れ難いものとなります。一方、「迷惑施設」とされてきた刑務所は、その存在をあまり前面に出すことなく、ひっそりと運営されてきたのです。

しかし、受刑者を改善更生させ、社会復帰させるという本来の目的は、刑務所内の処遇だけでは不十分です。刑務所内だけで生活できる者を教育しているのではなく、健全な社会人として社会で生きていく者を教育していかなければ、その目的は達成できません。そのためには、地域の関係機関との連携強化や地域住民の理解が重要です。社会に出て、日々生活する地域は、出所者にとって決して居心地の良い場所ばかりではありません。より円滑な社会復帰、より永続的な再犯防止のためには、地域、社会を対象としての取組みが必要です。その一歩が地域参加型矯正処遇の創造です。

地域参加型施設運営のための条件

それでは、地域参加型の施設運営を行うには、どうしたら良いのでしょうか。やはり段階を経て、地域住民に刑務所を理解してもらう必要があります。

第一段階は、迷惑施設からの脱却です。住民にアンケート調査を実施しました（美祢社会復帰促進センターは二〇一〇〔平成二二〕年一月に、島根あさひ社会復帰促進センターは二〇一三〔平成二五〕年四月に実施した）が、美祢社会復帰促進センターも島根あさひ社会復帰促進センターも開設前の抵抗感が五〇％前後と高い状態でした。しかし、開設後の抵抗感は一二〜一三％と低くなっています。また「受刑者が逃げ出すのではないかと不安だ」という思いが、開設前の四七%から半減しています。

開設後センターに対する要望についても、①センターに入る受刑者の収容基準を守ってほしい、②市や県の利益を地元に還元してほしい、③今後もセンターの事業を継続してほしい、と変化しています。これは地域住民がセンターを理解し、地域の受容が進んだことを表しています。これは私が刑務所の広報を積極的に行った成果ではなく、地域住民の方が刑務所に出入りし、刑務所が行っていることを見て、刑務所を設置する目的や意義を理解して、安全性を確認したからだと思います。まずは、刑務所を見てもらうことが必要です。

第二段階としては、地域社会に支えられる刑務所運営があります。既存の刑務所では、民間のボランティアといえば、篤志面接委員や教誨師の活動だけです。しかし、島根あさひ社会復帰促進センターでは、クラブ活動や構外作業、職業訓練の指導等に多くの地域住民の方が参加しています。また、島根あさひ社会復帰促進センター独自の受刑者の社会復帰プログラムとして、地域住民との交流を目的とした「文通プログラム」や「地域お手伝い活動」等があります。

第三段階としては、ソーシャル・インクルージョン（社会的包摂）の社会にしていくことです。ハンディキャップのある受刑者を地域社会が受け入れ、包み込むというソーシャル・インクルージョンの考え方を踏まえ、刑務所と地域社会が、次世代につながる新しい関係のあり方を実現していく。そのことに、重要な意味があると思っています。

社会復帰支援コミュニティの形成

このような社会を作るには何が必要でしょうか。地域社会の理解や連携を深めるには、地域社会のメリットも考えなくてはなりません。刑務所の設置が地域再生、地域活性化の有効な方策となれば、その地域での刑務所や刑務所出所者等への理解が格段に進むと思います。

ここでは、地元の県立大学が調査した、島根あさひ社会復帰促進センターの設置効果を数値化したものを示します。島根あさひ社会復帰センターでは、経済波及効果として年間約一五億円、税収増の効果として年間約五億円、雇用創出効果として四二八人と試算しています（図31）。

しかし、注目されるべき点は、地域の人たちの技能や知識を借り、自然環境を活かすことで、社会復帰支援コミュニティを形成する活動です。島根あさひ社会復帰促進センターの取組みは、第一部4のとおりですが、さらに発展させたいと思っています。

ＰＦＩ刑務所を作る前にアメリカやヨーロッパの刑務所を見に行く機会がありました。これは諸外国の取組みで少しでも良いものは、新しいＰＦＩ刑務所に取り入れようというねらいがありました。しかし、日本の制度の方が良いと思えるものばかりで、唯一、コミュニティサークルだけ日本でも行ってみたいと思いました。これは週末の夜、刑務所の中に地域住民が集まっ

図31　地域との共生

(1) 経済波及効果：14 億 9,186 万円
・センターが地域に与える経済効果：8 億 1,521 万円
・面会者の来訪が地域に与える経済効果：3,703 万円
・国家公務員の消費が地域に与える経済効果：6 億 3,962 万円

(2) 税収増加効果：4 億 9,232 万円
・浜田市の地方交付税の増加効果：9,347 万円
・浜田市の関係税収増加効果：1 億 5,766 万円
・島根県の地方交付税の増加効果：2 億 4,119 万円

(3) 雇用創出効果：428 人
・地元企業からの調達により生み出される雇用：50 人
・面会者訪問により生み出される雇用：4 人
・SPC による民間職員の雇用：374 人

(4) 社会復帰支援コミュニティ活動
・地域参加型の矯正処遇の創造
⇒ソーシャル・インクルージョンの始まり

て、受刑者たちとさまざまな話し合いをする会でした。アメリカやカナダの人は、正業のほかに必ずボランティア活動を行っているので、その一環として行っているのかもしれません。一般社会とのつながりを多く持つことは、受刑者の社会復帰に有効です。最近、島根あさひ社会復帰促進センターでコミュニティサークルを実施したと聞きました。一度見に行きたいと思います（図32）。

図32　将来の刑事施設の在り方

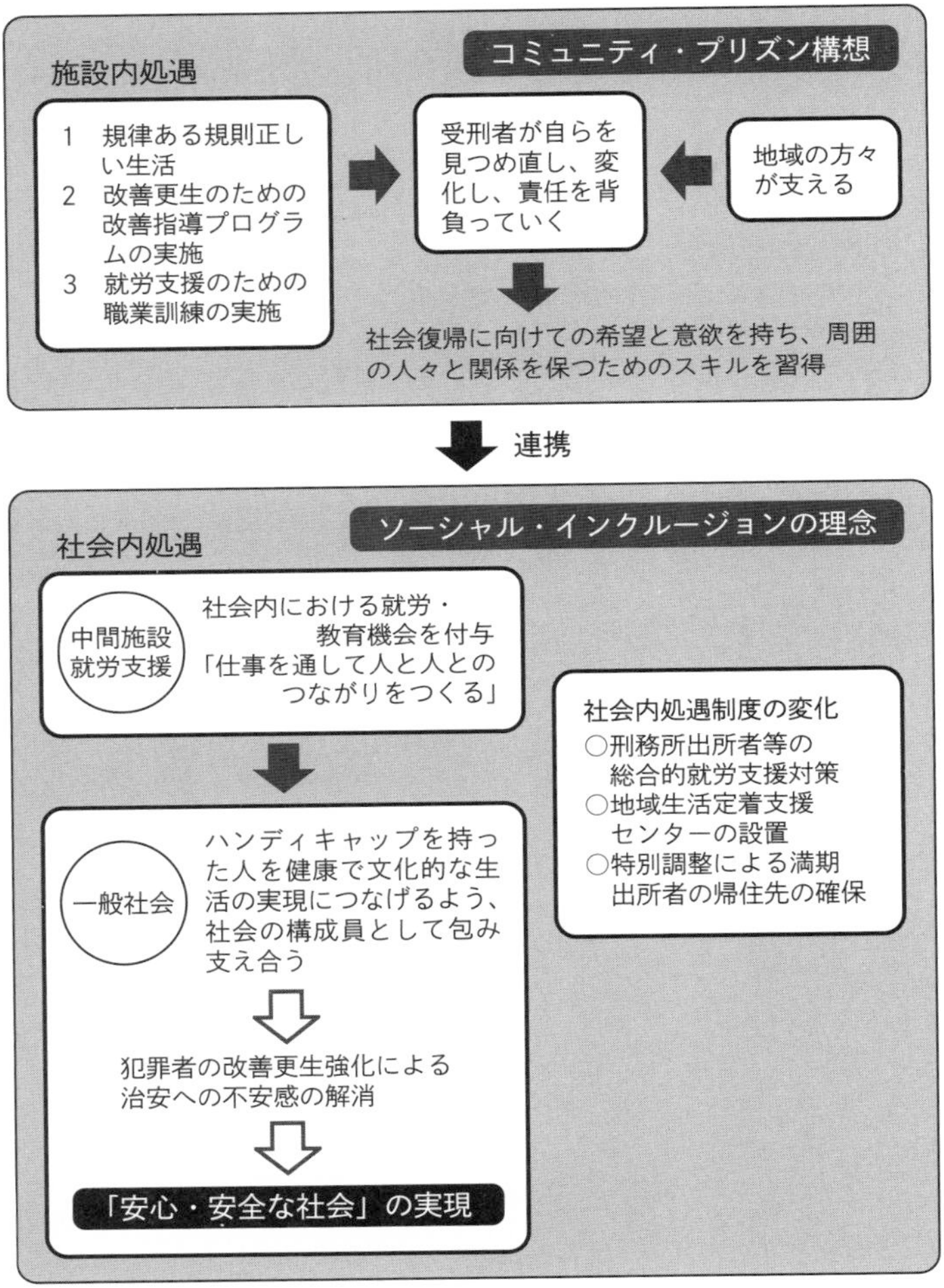
コミュニティ・プリズン構想
施設内処遇
1　規律ある規則正しい生活
2　改善更生のための改善指導プログラムの実施
3　就労支援のための職業訓練の実施
受刑者が自らを見つめ直し、変化し、責任を背負っていく
地域の方々が支える
社会復帰に向けての希望と意欲を持ち、周囲の人々と関係を保つためのスキルを習得
連携
ソーシャル・インクルージョンの理念
社会内処遇
中間施設
就労支援
社会内における就労・教育機会を付与
「仕事を通して人と人とのつながりをつくる」
一般社会
ハンディキャップを持った人を健康で文化的な生活の実現につなげるよう、社会の構成員として包み支え合う
犯罪者の改善更生強化による治安への不安感の解消
「安心・安全な社会」の実現
社会内処遇制度の変化
○刑務所出所者等の総合的就労支援対策
○地域生活定着支援センターの設置
○特別調整による満期出所者の帰住先の確保

第五部

矯正施設の概要と最近の犯罪動向

最後に、日本の矯正施設全体の現状と、受刑者数に大きく影響を与える犯罪動向について概観します。

◉矯正施設の概要

矯正施設は法務省所管の行政組織です。法務省（本省）の機構は内部部局（国家行政組織法第七条）と言われる大臣官房と六つの局がありますが、このうち、矯正局が矯正施設を監督する部署になります。矯正局は、矯正施設の保安警備、作業、教育、鑑別、医療、衛生など被収容者の処遇に関する事務、矯正に関する法令案の作成に関する事務、矯正施設の組織・運営に関する事務、国際受刑者移送法に関する事務などを行っています。

その下に、全国を八つのブロックに分け、ブロックごとに矯正施設の運営を管理する地方支分部局（国家行政組織法第九条）として矯正管区が設けられています。さらに、矯正職員を対象として研修を行う機関として矯正研修所があります。

「矯正施設」と総称される矯正関連の施設は、刑事施設と少年矯正施設、婦人補導院に分類されます。刑事施設は、受刑者を主に収容する刑務所、未成年の受刑者や若年の成人受刑者を主に収容する少年刑務所、被疑者・被告人などの刑が確定していない者や死刑確定者を収容する拘置所に分かれます。

「刑務所」は全国で六一施設あり、前述した四つの社会復帰促進センターはこの中に入ります。なぜ刑務所ではなく、「社会復帰促進センター」という名称にしたのかというと、出所した受刑者の社会復帰に力を入れる施設であること、また地域から受け入れを促進する、地域から受け入れられやすい施設にするという意味を込めたからです。また、ＰＦＩ事業に参画される企業にも、この名称の方が受け入れやすくなるのではないかという面も考慮しました。この他、医療専門施設として、精神・身体疾患者を収容する東日本成人医療センター及び大阪医療刑務所、精神疾患者を収容する岡崎医療刑務所及び北九州医療刑務所を設置しています。

「少年刑務所」は全国で六施設で、函館、盛岡、川越、松本、姫路及び佐賀にあります。また「拘置所」は全国で八施設で、東京、立川、名古屋、大阪、京都、神戸、広島及び福岡にあります。

この他、本所の下に刑務支所八庁、拘置支所一〇一庁があります。「少年矯正施設」は、家

図33　矯正施設の概要

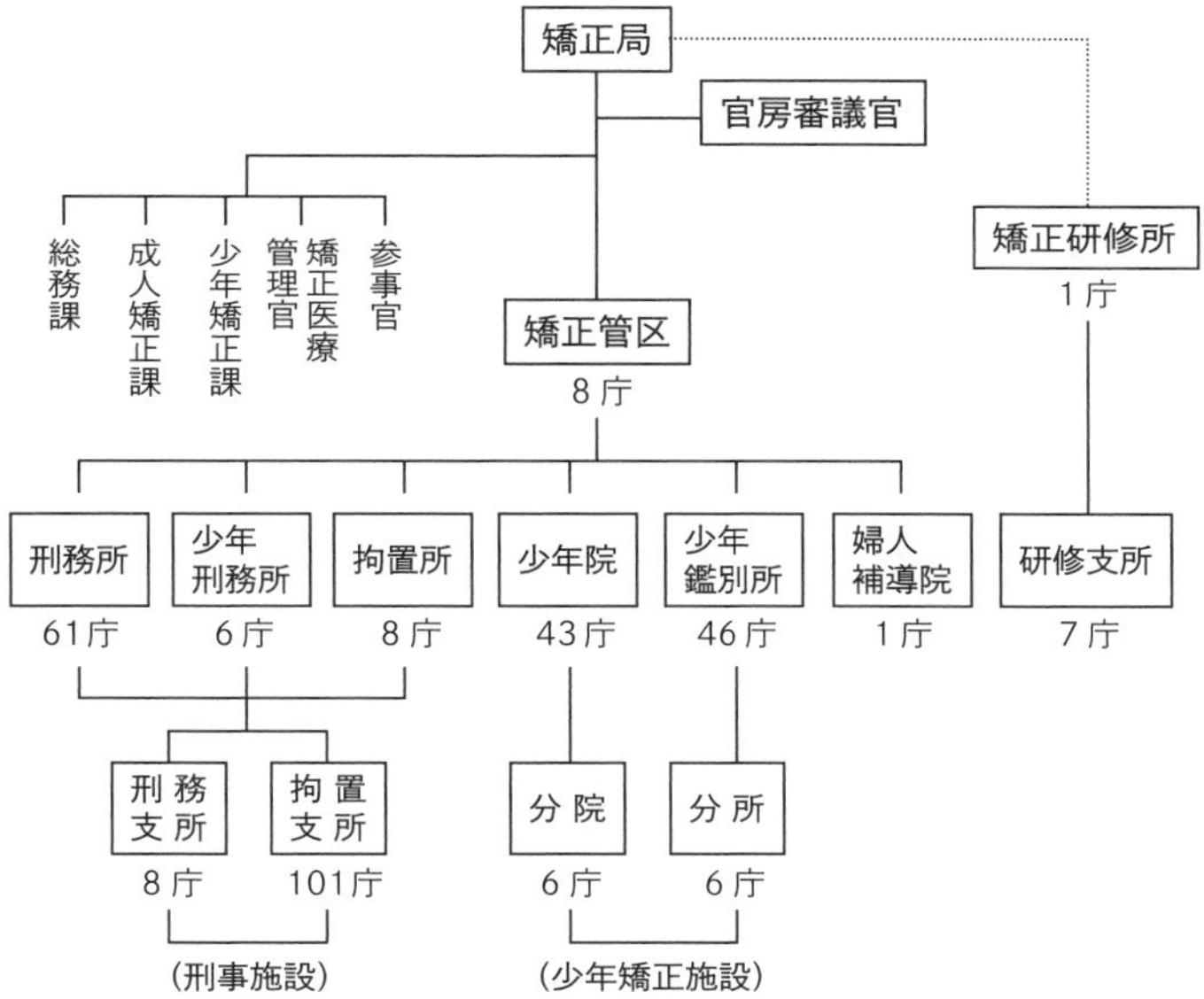

庭裁判所で観護措置の決定を受けた少年などを収容する「少年鑑別所」と、少年院送致という保護処分を受けた少年や、懲役又は禁錮の言渡しを受けた一六歳に満たない少年を収容する「少年院」から成ります。「婦人補導院」は、売春勧誘等の罪を犯し、懲役又は禁錮刑の執行を猶予された二〇歳以上の女性を収容し、更生のために必要な補導を行う施設です（図33）。

刑事施設に勤務する職員は、刑務官のほか、作業専門官、教育専門官、調査専門官等がおり、二〇一九年（令和元）の職員定員は、一万九六五七人です。

少年院に勤務する職員は、法務教官、医師、事務官等であり、このうち在院者の教育・職業補導等に直接携わる法務教官は教育部門に所属。その大部分は教員免許又は職業訓練関係の指導員免許等の取得者です。二〇一九（令和元）年の職員定員は、二四二八人です。

少年鑑別所に勤務する職員は、法務教官、法務技官である鑑別技官、事務官等であり、このうち法務教官は鑑別部門に所属し、少年の処遇に携わっています。また鑑別技官も同じく鑑別部門に所属し、家庭裁判所の行う調査及び審判並びに保護処分及び懲役又は禁錮の言渡しを受けた一六歳未満の少年に対する刑の執行に資するため、少年の資質鑑別を行っています。二〇一九（令和元）年の職員定員は、一一七八人です。

◉刑事施設の収容状況

刑事施設の被収容者の年末収容人員は、一九九三（平成五）年以降増加していましたが、二〇〇六（平成一八）年末の八万一二五五人をピークに、一五年振りに減少に転じました。二〇一七（平成二九）年末は五万三三三三人であり、このうち、受刑者は四万六七〇二人です（図34）。

刑事施設の収容率は全体で六〇・〇％であり、受刑者の収容率は六六・九％です。

景気が悪くなると、失業率が高くなり、生活に困窮する人たちが増えるので、刑事施設の収容人員が増加すると言われています。そういう意味では景気が回復したと言えます。刑務所で

図34　刑事施設年末収容人員の推移

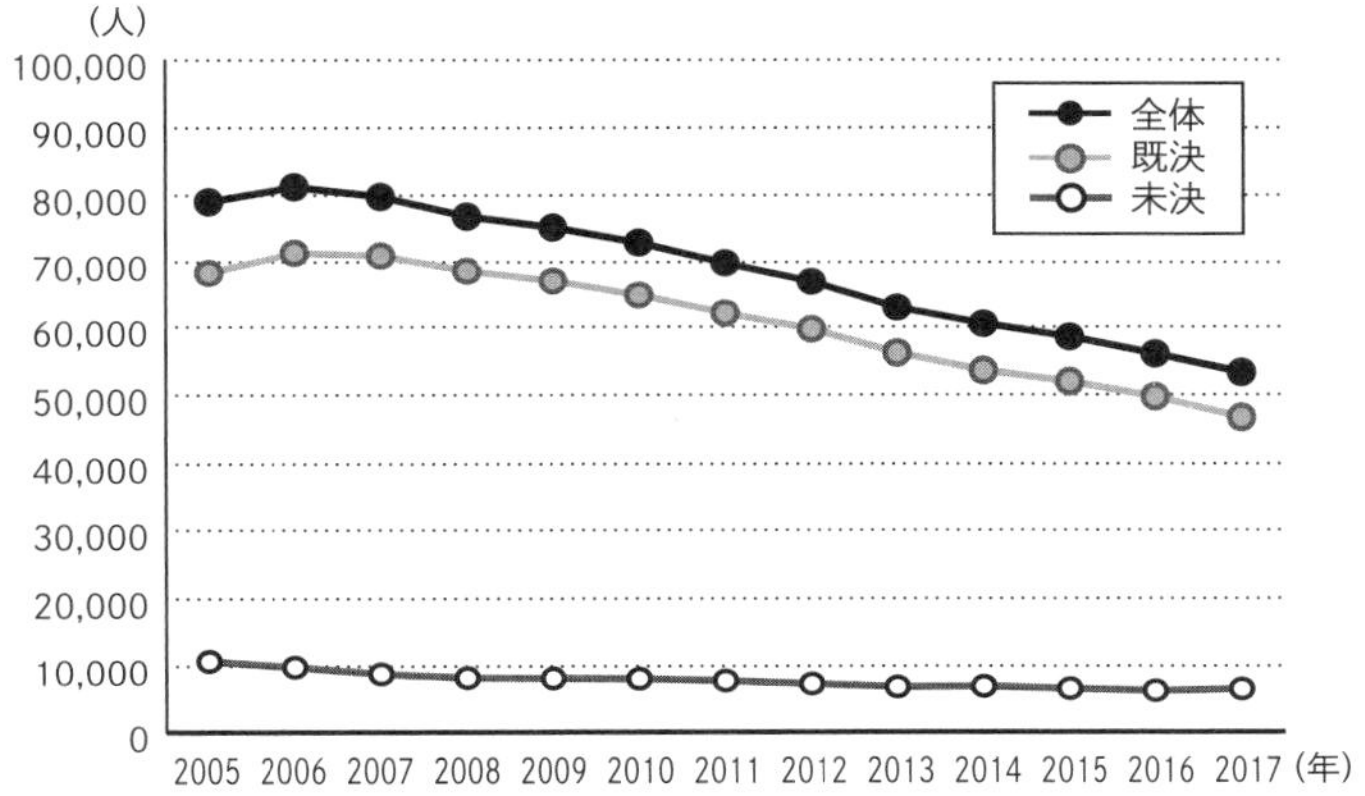

も建設・土木関係、飲食関係の会社からの求人が増えています。ただし、二〇二一年の東京オリンピックが開催、終了した段階での動きが心配です。

また、収容人数が増加している要素として、厳罰化の風潮があります。特に、その傾向が著しいのが、交通事故の加害者や道路交通違反者に対する厳罰化です。危険運転致死傷罪の成立等により言渡し刑自体が増えてきました。あるいは仮釈放の期間が短くなり、刑務所の在所期間が長くなったということもあります。経済指標と厳罰化の二つの要素が、二〇〇一（平成一三）年以降、刑務所に過剰収容をもたらしたと言われています。

◉犯罪の動向

刑事手続きは、犯罪の認知から始まって、刑の執行又は保護観察等をもって終了します。警察等で検挙された者は、検察、裁判、矯正及び更生保護の各段階で処理されます（図35）。

犯罪全体の動向を見ると、刑法犯の認知件数は一九九六（平成八）年から毎年戦後最多を記録し、二〇〇二（平成一四）年には二八五万四〇〇〇件まで達しました。二〇〇三（平成一五）年以降は連続で減少しており、二〇一七（平成二九）年は約九一万五〇〇〇件と戦後最小を更新しました。二〇〇三（平成一五）年以降の認知件数が減少したのは、刑法犯の七割以上を占める窃盗の認知件数が大幅に減少し続けたことに伴うものです。検挙件数は約三二万七〇〇〇件で、検挙人員は約二一万五〇〇〇人、検挙率は三五・七％となっています（図36）。

また、道路交通法違反や覚せい剤取締法違反等の特別法犯の検察庁新規受理人員は約三七万八〇〇〇人で、過失運転致死傷等が約四六万人ですので、検察庁新規受理人員の総数は、約一〇五万五〇〇〇人となります。検察官に送致される件数のうち、公判請求されるのは約八万四〇〇〇人で、略式命令請求は約二四万六〇〇〇人です。

懲役・禁錮の判決を受けた者は約五万二〇〇〇人ですが、そのうち、三万二〇〇〇人は執行猶予が付いた判決です。したがって、刑務所に入る新受刑者数は約二万一〇〇〇人となります。これは検察官送致件数の二％であり、刑務所に入る者は選抜された者になります。

出所者は約二万三〇〇〇人であり、そのうち約一万三〇〇〇人が仮釈放での出所で、保護観察の開始となります。

図35　刑事司法手続の流れ

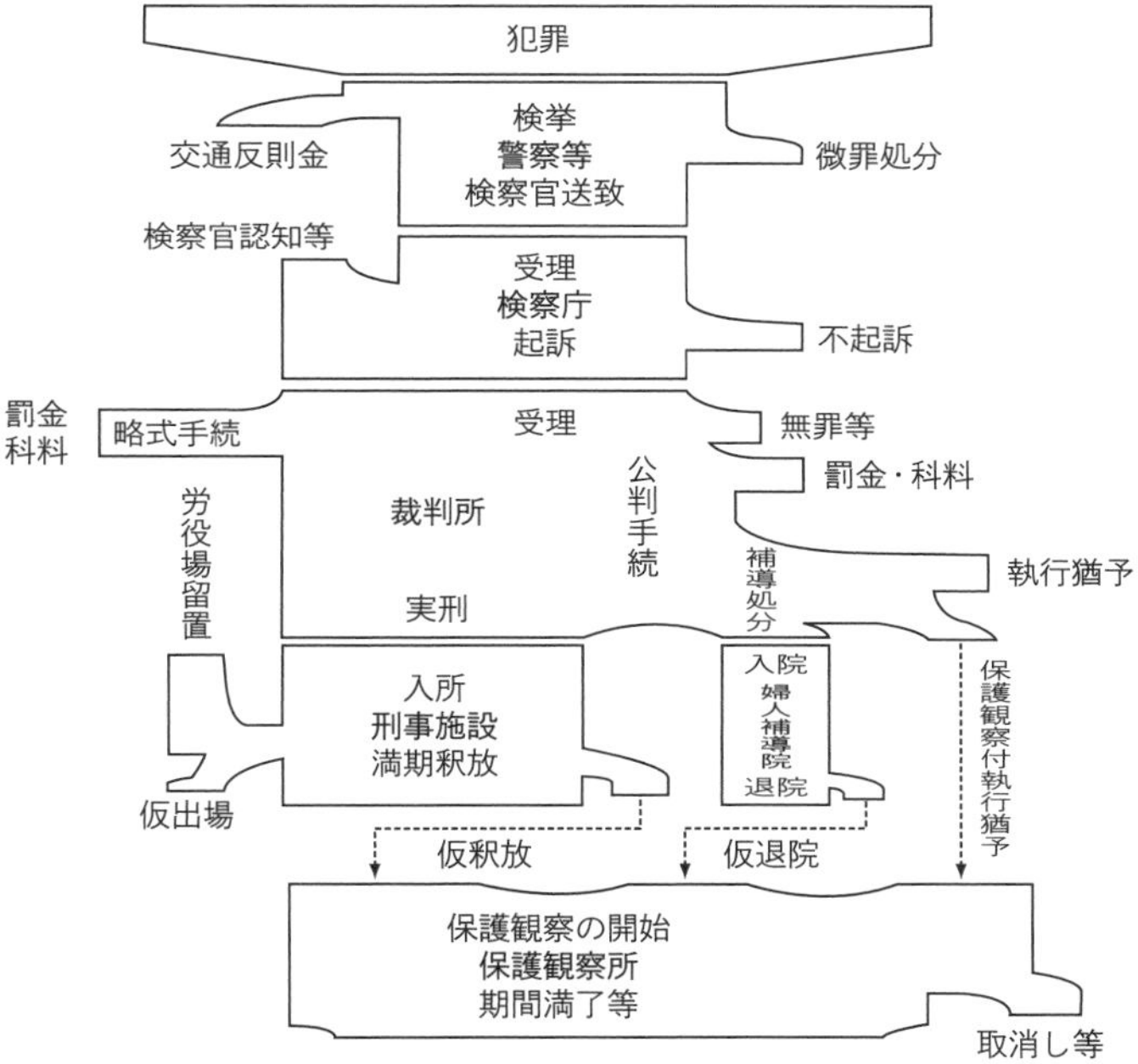

出典：「平成30年版　犯罪白書」

○刑法
認知件数　約九一・五万件
検挙件数　約三二・七万件
検挙人員　約二一・五万人

○過失運転致死傷等
約四六万人

○特別法犯　約三七・八万人
⇦

○検察庁新規受理人員　約一〇五・五万人

○公判請求　約八・四万人
略式請求　約二四・六万人
⇦

○判決
懲役・禁錮刑　約五・二万人
⇦

○刑の執行
新受刑者　約二・一万人
⇦

○出所者　約二・三万人
満期　約〇・九万人
仮釈放　約一・三万人

図36　刑法犯認知検挙の推移

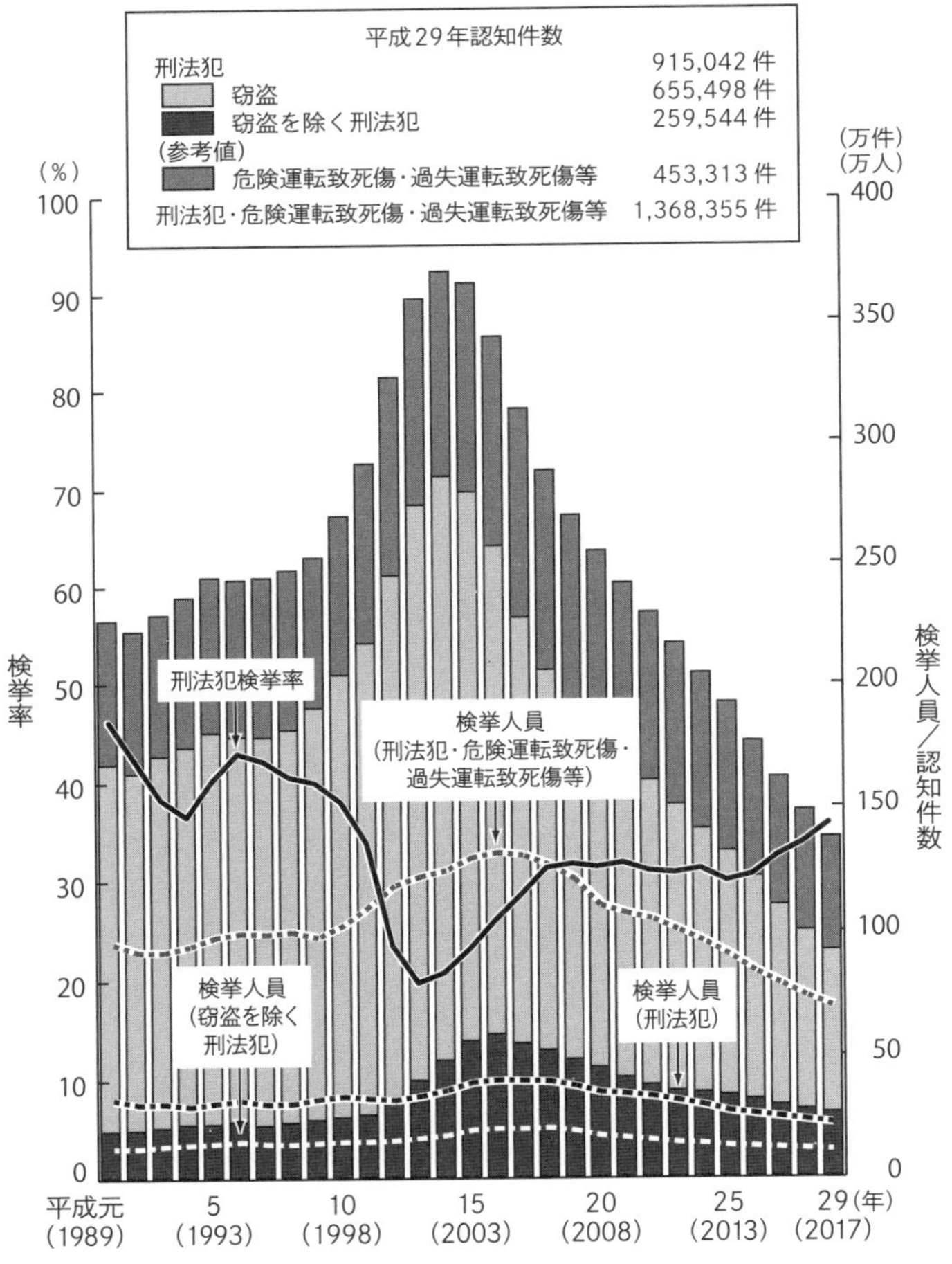

注）1　警察庁の統計による。
　　2　危険運転致死傷は、平成14年から26年までは「刑法犯」に、27年以降は「危険運転致死傷・過失運転致死傷等」に計上している。

出典：「平成30年版　犯罪白書」

おわりに

私は一九七九（昭和五四）年に、札幌刑務所の看守として拝命しました。いわゆるノンキャリア組です。矯正の内部昇進試験（＊50）に合格し、中級幹部候補生として勤務していましたが、一九八六（昭和六一）年から本省で勤務することになり、大臣官房会計課及び矯正局で予算担当の仕事を一七年間行いました。国会で重要案件が予算委員会で審議されるように、予算担当者には法務省、矯正局の施策の情報が集まり、また、事故処理についての情報も入ってくるため、その後の刑務官人生にも大きな影響を与えました。

この五〇年の刑事司法を振り返ってみると、裁判員制度の改革、取調べの可視化、被疑者・被告人の公的弁護制度、再犯防止対策等が頭に浮かびます。しかし、矯正にとっては監獄法改

＊50　中級管理研修課程中級管理科＝矯正職員に対して、中級幹部職員として部下を指導監督するに足りる学術及び技能を習得させるための教育訓練を行う。高等研修課程高等科＝矯正職員に対して、上級幹部職員として部下を指導監督するに足りる学術及び技能を習得させるための教育訓練を行う。それぞれ入所試験がある。

正が大きな転機でした。監獄法改正作業は一九七六（昭和五一）年の法制審議会への諮問以来、本格化していました。私が拝命した頃には「監獄法改正の骨子となる要綱」が法制審議会から法務大臣に答申され、現場施設でも職務研究会が何度も開かれていました。今にも法案が成立するのではないかと思いましたが、それから三度の国会への法案の上程は廃案となっていました。その間、実質審議されたのは一日だけと記憶しています。

監獄法が改正される前に、矯正にとって非常に大きな事件が起きました。それは名古屋刑務所受刑者死亡事件（＊51）です。保護室に収容中の受刑者が革手錠（現在は廃止されている）及び放水によって死傷した事件です。事件の詳しい内容は私から書くことはできません。それは、この事件が私自身の中で解決されていないからです。階級社会における命令のあり方、公権力行使の限界、被収容者への人権意識など多くの問題を含んでいます。

私が拝命した時に上司及び先輩から刑務官の心構えを教えられました。

『威あって猛々しからず、親しみあって馴れず、彼また人たるをしるべし』

どういう意味かと言うと、

〈威風堂々、威厳を持って接しても、決して横暴であってはならない。威厳を持つことと威張ることはまったく違うものであり、威厳のある人にはついていくが、威張る人には誰もついていかないものである。「威厳」と「威張る」ことの違いのわからない職員は、自分の威厳を示そうと職員に対しても被収容者に対してもすぐに大きな声で怒鳴るが、決して他からの真の信頼を得ることはできない。

彼ら（被収容者）の事情や心根を理解して人情味をもって接しても、決して友達になってはならない。あくまでも管理する側と管理される側の立場は変わらないのであるから、刑務官と被収容者としての一線を画す必要がある。温情と甘やかすことは、まったく別物であることを認識しなければならない。

彼ら（被収容者）も我々と同じ人間であることを忘れてはならない。当然、喜怒哀楽の情があり、管理する側の傲慢に陥り、それを無視することは、人間としても刑務官としても極めて危険なことである。自分自身の心の中で彼らを裁いてはいけない〉

＊51　二〇〇一～二〇〇二（平成一三～平成一四）年、名古屋刑務所保護室で、刑務官が受刑者三人を死傷させたとされる刑事事件。革手錠付きベルトで腹部を締め、受刑者二人が死傷したとされる「革手錠事件」と、肛門に消防用ホースで放水して受刑者一人を死亡させたとされる「放水事件」とがある。

ということです。私は現職中、この言葉を教訓として胸に留め、退職した後も思い出します。二〇〇五（平成一七）年に「刑事施設及び受刑者の処遇等に関する法律」が成立、翌年未決拘禁者の処遇等に関する法律が成立し、監獄法は改正されました。改正する前に職務研究会を多く実施したことと、現行の法制度の下で許可し得るぎりぎりまで、法改正の意図するところに向け、実務を近づける努力を行ったことで、法改正後の混乱があまりなかったと思います。当時、法改正とは別に大きな転換を行っています。それは〝国民に開かれた矯正〟と〝市民参加〟です。予算要求も「ＰＦＩ手法を活用した刑務所運営」「民間委託一〇〇〇人構想」、そして「医療業務の充実」をメインに進められました。これは過剰収容対策として、収容施設の不足、職員の勤務負担の増加、被収容者の処遇環境の悪化を解消するための方策です。しかし、刑務官が本来の職務である被収容者の処遇に専念し、受刑者を改善更生して、社会復帰をさせる。そのことをもって再犯の防止をするという伝統ある行刑精神の復活を図るものでした。

その後、私は矯正調査官（企画官クラス）として、ＰＦＩ事業の企画・立案作業を行いました。ＰＦＩ事業については前述したとおりですが、新しい事業を生み出すのは、非常に困難が伴います。民間企業にどの業務をどのような方法で行わせるのかに大きな労力を費やしました。

例えば、受刑者の洗濯業務をとってみると、既存の刑務所では洗濯物一つ一つに洗濯札（称呼番号が書いたもの）をつけ、洗濯に出します。民間企業では、洗濯札を作ることの手間を省くことや機械に洗濯札が絡むのを防ぐため、各人の洗濯袋を貸与して、洗濯袋ごとに洗濯をする方法を提案してきました。しかし、国の職員は紛失した場合の賠償のことを考えて納得しません。私が「町のクリーニング店に洗濯物を出して紛失した場合は、このクリーニング店が弁償する。それと同じように、民間企業が弁償するので問題ない」と説明すると、国の職員は「民間企業に確約を取ってほしい」と言います。すべてこのようなやり取りが続きます。ＰＦＩ事業に携わっている職員ですらなかなか納得しないので、既存刑務所の職員に説明するのはもっと骨が折れることになります。

あるジャーナリストが「ＰＦＩ事業を行うのに、なぜ既存の刑務所で始めなかったのか。その方が刑務所というシステムは既にあるので速くできるのではないか」と質問してきました。私は「既存の刑務所でＰＦＩ事業を行うには、既存の刑務所のシステムを一度崩さなければなりません。新しい刑務所で一からシステムを構築した方が速くできます」と答えました。

私は退職した今、廃庁になった奈良少年刑務所の建物を使って監獄史料館を開設する事業と、明治一五〇周年記念行事を手伝っています。

改めて歴史を勉強すると、近代矯正、いや近代司法の始まりは明治初期まで遡ります。明治政府が近代国家として西欧社会と交流するためには、江戸幕府末期に欧米諸国と締結した、いわゆる「不平等条約」の一日も早い解消が必要でした。彼らと共通する国家体制を作り上げることが必須で、司法の場においても「司法制度の近代化」が急務でした。近代法典編纂と司法制度の整備が近代司法の夜明けと言えます。

しかし、私たち矯正職員は、その前の江戸時代中期に誕生した熊本藩の「徒刑《とけい》」という刑罰の方に高い関心を持っています。藩主・細川重賢と執政・堀平太左衛門が宝暦の藩政改革の一環として押し進めたものです。「徒刑」とは所定の期間を収容施設に拘禁して社会生活の自由を剝奪し、強制労働に従事させる刑罰です。これにより追放刑を廃止し、後に笞杖刑も廃止されました。現在の懲役刑の原形ができたことになります。この動きが佐賀藩、会津藩等各藩に広がり、前述した石川島人足寄場につながるのです。また、この制度は犯罪人、無宿者の社会復帰を目指すため、作業有償制、教化改善主義、授産更生に配慮したことで、現行制度に勝るとも劣らない素晴らしい政策です。今から二六〇年前に既に再犯防止という考え方が生まれていたことに驚きを感じます。

一八七二（明治五）年、「懲役」刑が誕生します。そして、現在、刑法で規定している懲役刑と禁固刑を拘禁刑に一本化させ、若年の受刑者を主な対象とした、教育的処遇を重点的に行う「教育刑」を新設しようと検討しています。今、矯正は大きな転換期を迎えています。

しかし、制度が変わっても、また新たな改善プログラムが作成されても、最終的には人を変えることができるのは人だと思っています。刑務官が出所する受刑者に対して、いつも「もう刑務所に戻ってくるなよ」「社会に出たら真面目に働きなさい」と声をかけますが、約半数の者は刑務所に戻ってきます。幾度となく期待は裏切られますが、諦めてはならないのです。『陸王』（＊52）のように、しぶとく、あきらめの悪さが必要なのです。

また、再犯防止を進めるためには、より根本的に社会全体による受け入れが進むことが必要です。

＊52　池井戸潤による小説。これを原作にテレビドラマ化された。

追記——新型コロナウイルス感染症と刑事施設

新型コロナウイルスが猛威を振るい、刑事施設にもその波が打ち寄せています。二〇二〇（令和二）年四月一七日現在の報道によりますと、大阪拘置所の刑務官八人、月形刑務所の刑務官一人、東京拘置所の被告人一人がＰＣＲ検査の結果、陽性が確認されたということです。特に、大阪拘置所は影響が大きく、職員五四〇人のうち一三二人を自宅待機させ、被収容者六〇人を単独室で隔離したとのことです。

また、日本弁護士連合会は、刑務所や拘置所などは集団感染を招く危険性が高いとして、可能なかぎり一人一部屋に収容するなど、対策の徹底を求める声明を出しました。

刑事施設では既にこのようなことを実施しており、①職員全員のマスクの着用、②職員及び被収容者の手洗い及びうがいの徹底、③面会人や外部業者の手指アルコール消毒の徹底と矢継ぎ早に指示が発出されていることでしょう。

私も今回の新型コロナウイルス感染症ほどではありませんが、新型インフルエンザ（パンデミック二〇〇九）を美祢社会復帰促進センターで体験しました。当時は一般社会がそれほど騒いでおらず、補正予算でマスク、防護服、消毒液を大量に買った記憶があります。受刑者からウイルスが発生することはないので、水際作戦を徹底して行いました。参観（＊53）は全て中止し、面会人や外部業者には消毒の協力をいただきました。一番感染リスクが高いのは職員です。家族等で感染が確認された職員については濃厚接触者ということで、一週間自宅待機を命じました。これが多数発生すると、職員配置が困難になり、施設運営が難しくなります。

今回の新型コロナウイルス感染症は潜伏期間も治療期間も長くなっています。今後、職員の配置が困難な施設が増加すると懸念されます。矯正局の指示の下、全国の刑事施設の職員が協力して、この難局を乗り越えてほしいと思います。

なお、新型コロナウイルスの感染拡大で医療用物資が不足していることを受け、全国の刑務所で医療用ガウンの生産を始めるということです。法務省の発表によりますと、府中刑務所や大阪刑務所など、縫製工場を持つ全国四一刑務所で、五月中旬から一〇月末までに一二〇万着の医療用ガウンを製作します。受刑者が裁断や縫製を行い、完成品は厚生労働省を通じて医療機関に提供されます。

青森や京都などの七刑務所では三月以降、刑務作業の一環で、月六万六〇〇〇枚のマスクを

＊53　刑事施設の長は、その刑事施設の参観を申し出る者がある場合において相当と認めるときは、これを許すことができる。

製作しています。大阪など三刑務所では、感染防護服を月四九〇〇着作っています。今後、横浜刑務所での生産も始まる予定で、生産数は月に六四〇〇着に増える見通しです（二〇二〇〔令和二〕年五月四日読売新聞朝刊）。

これは、単に医療用物資の不足の補充という意味だけでなく、最前線で命をかけて戦ってくださっている医療関係者の力になりたいという受刑者の思いも込められています。東日本大震災（二〇一一〔平成二三〕年三月一一日）では、被災者支援の一環として、刑事施設で製作した家具を仮設住宅等へ提供しました。この際にも、受刑者には刑務作業を通じて復興支援に役立っているという実感を持たせるよう事前に仮設住宅等に提供する家具の製作について説明した上で、作業を行いました。

（二〇二〇年四月二五日）

参考文献

大塚敦子『犬が生きる力をくれた――介助犬と人びとの物語』（岩波書店、一九九九年）
大塚敦子『介助犬を育てる少女たち――荒れた心の扉を開くドッグ・プログラム』（講談社、二〇一二年）
大塚敦子『「刑務所」で盲導犬を育てる』（岩波ジュニア新書、二〇一五年）
上瀬由美子「矯正施設とステレオタイプ」『刑政』二〇一六年六月号（矯正協会、二〇一六年）
刑事立法研究会『刑務所民営化のゆくえ――日本版ＰＦＩ刑務所をめぐって』（現代人文社、二〇〇八年）
坂上香『ライファーズ　罪に向きあう』（みすず書房、二〇一二年）
沢登文治『刑務所改革――社会的コストの視点から』（集英社新書、二〇一五年）
実行委員会「社会復帰シンポジウム――美祢社会復帰促進センターにおける再犯ゼロに向けた取組」（二〇〇八年）
実行委員会「島根あさひ社会復帰促進センター開所5周年記念フォーラム報告書」（二〇一四年）
島根県立大学ＰＦＩ研究会『ＰＦＩ刑務所の新しい試み――島根あさひ社会復帰促進センターの挑戦と課題』（成文堂、二〇〇九年）
手塚文哉「官民協働による新たな刑務所の運営」『月刊　法律のひろば』二〇〇九年七月号（ぎょうせい、二〇〇九年）
手塚文哉「ＰＦＩ刑務所における民間のノウハウ・アイデア」『刑政』二〇〇九年一一月号（矯正協会、二〇〇九年）

手塚文哉「職業訓練の拡充」『刑政』二〇一六年六月号（矯正協会、二〇一六年）
外山ひとみ『ニッポンの刑務所』（講談社現代新書、二〇一〇年）
中井政嗣『できるやんか！』（潮出版社、二〇〇四年）
中井政嗣『それでええやんか！』（潮出版社、二〇一一年）
西田博『新しい刑務所のかたち――未来を切り拓くＰＦＩ刑務所の挑戦』（小学館集英社プロダクション、二〇一二年）
日本犯罪社会学会『犯罪からの社会復帰とソーシャル・インクルージョン』（現代人文社、二〇〇九年）
日本弁護士連合会『刑務所のいま――受刑者の処遇と更正』（ぎょうせい、二〇一一年）
浜井浩一『罪を犯した人を排除しないイタリアの挑戦――隔離から地域での自立支援へ』（現代人文社、二〇一三年）
藤岡淳子『非行・犯罪心理臨床におけるグループの活用――治療教育の実践』（誠信書房、二〇一四年）
三好清凡「島根あさひ社会復帰促進センター開所5周年記念フォーラム」『刑政』二〇一四年一月号（矯正協会、二〇一四年）
谷澤正次「処遇部と教育部が連携した一般改善指導」『刑政』二〇一七年二月号（矯正協会、二〇一七年）
矢野恵美・齋藤実「受刑者調査から見えてくるもの」『刑政』二〇一一年三月号（矯正協会、二〇一一年）

手塚文哉（てづか・ふみや）
1956（昭31）年8月生まれ。1979年3月東海大学工学部電気工学科卒、同年3月札幌刑務所に採用。矯正局矯正調査官、研修所広島支所教頭、美祢社会復帰促進センター長、府中刑務所処遇部長、名古屋矯正管区第二部長、島根あさひ社会復帰促進センター長、東京矯正管区第二部長、府中刑務所長、大阪矯正管区長を経て、2017年3月、定年退職。現在、奈良少年刑務所跡地に星野リゾートがホテル建設を予定しているが、そのプロジェクトの一環である監獄史料館創設プロジェクトに参加していた。

再犯防止をめざす刑務所の挑戦
美祢・島根あさひ社会復帰促進センター等の取組み

2020年5月30日　第1版第1刷発行

［著　者］手塚文哉
［発行人］成澤壽信
［発行所］株式会社 現代人文社
〒160-0004　東京都新宿区四谷2-10　八ッ橋ビル7階
電話　03-5379-0307　FAX　03-5379-5388
E-Mail　hanbai@genjin.jp（販売）　henshu@genjin.jp（編集）
http://www.genjin.jp
［発売所］株式会社 大学図書
［印刷所］株式会社 ミツワ
［装　丁］加藤英一郎

検印省略　Printed in Japan
ISBN978-4-87798-759-6 C0036